A RENOVAÇÃO DO
CRISTIANISMO

Dados Internacionais de Catalogação na Publicação (CIP)
(Câmara Brasileira do Livro, SP, Brasil)

Pagola, José Antonio
   A renovação do cristianismo / José Antonio Pagola ; tradução Salmer Borges. Petrópolis, RJ : Vozes, 2022. – (Série Recuperar Jesus como Mestre Interior)

   Título original: Jesús, maestro interior
   ISBN 978-65-5713-478-8
   1. Atitudes – Aspectos religiosos 2. Cristianismo 3. Jesus Cristo – Ensinamentos 4. Literatura devocional 5. Oração 6. Vida cristã I. Título. II. Série.

21-89094   CDD-241.5

Índices para catálogo sistemático:
1. Jesus Cristo : Ensinamentos : Vida cristã   241.5

Maria Alice Ferreira – Bibliotecária – CRB-8/7964

SÉRIE
RECUPERAR JESUS
COMO MESTRE INTERIOR

A RENOVAÇÃO DO CRISTIANISMO

José Antonio Pagola

Tradução de Salmer Borges

Petrópolis

© 2019, José Antonio Pagola
© 2019, PPC, Editorial y Distribuidora, S.A.

Tradução realizada a partir do original em espanhol intitulado *Jesús, maestro interior – Lectura orante del Evangelio. 1. Introducción.*

Direitos de publicação em língua portuguesa – Brasil.
2022, Editora Vozes Ltda.
Rua Frei Luís, 100
25689-900 Petrópolis, RJ
www.vozes.com.br
Brasil

Todos os direitos reservados. Nenhuma parte desta obra poderá ser reproduzida ou transmitida por qualquer forma e/ou quaisquer meios (eletrônico ou mecânico, incluindo fotocópia e gravação) ou arquivada em qualquer sistema ou banco de dados sem permissão escrita da editora.

CONSELHO EDITORIAL

Diretor
Gilberto Gonçalves Garcia

Editores
Aline dos Santos Carneiro
Edrian Josué Pasini
Marilac Loraine Oleniki
Welder Lancieri Marchini

Conselheiros
Francisco Morás
Ludovico Garmus
Teobaldo Heidemann
Volney J. Berkenbrock

Secretário executivo
Leonardo A.R.T. dos Santos

Editoração: Maria da Conceição B. de Sousa
Diagramação: Sheilandre Desenv. Gráfico
Revisão gráfica: Fernando Sergio Olivetti da Rocha
Capa: Érico Lebedenco
Ilustração de capa: Cristo lavando os pés dos discípulos.
Benvenuto Tisi, cerca de 1520/1525.

ISBN 978-65-5713-478-8 (Brasil)
ISBN 978-84-288-3485-8 (Espanha)

Este livro foi composto e impresso pela Editora Vozes Ltda.

Sumário

Introdução, 9

Apresentação geral do projeto, 11

   1 Recuperar Jesus como um Mestre interior, 11

   2 Rumo à renovação interior do cristianismo nos dias de hoje, 12

   3 Reavivar a verdadeira espiritualidade de Jesus, 14

      a) Espiritualidade vivida como relação pessoal com Deus, 15

      b) Espiritualidade marcada pela confiança absoluta em um Deus Pai de todos, 16

      c) Espiritualidade encorajada por um Deus Pai--Mãe, 17

      d) Espiritualidade voltada a abrir caminhos para o projeto humanizador do Pai, 17

   4 Leitura orante do Evangelho, 19

      a) Características desta proposta de leitura orante do Evangelho, 20

      b) A prática concreta da leitura orante do Evangelho, 21

   5 Formato da obra, 23

1 Em meio a uma crise sem precedentes, 25

   1 A loucura do consumismo, 26

2 A fuga para o barulho, 28

3 Algumas características da crise das pessoas de hoje, 31

   a) Sem interioridade, 31

   b) Sem núcleo unificador, 32

   c) Indiferente aos grandes questionamentos da existência, 32

   d) Seriamente irresponsável, 33

   e) Uma vida com quase nenhum conteúdo humano, 33

4 A *crise de Deus*, 33

2 A hora da verdade, 35

   1 O vazio interior do cristianismo, 35

   2 A hora da verdade, 38

   3 Aproximação da espiritualidade vivida por Jesus, 41

3 Uma pergunta decisiva, 44

   1 Entender a pergunta, 44

   2 Ouvir a pergunta de Jesus em silêncio, 46

   3 Encontro pessoal com Jesus, 48

   4 O que hoje as pessoas dizem sobre Jesus?, 51

4 Recuperar Jesus como Mestre interior, 54

   1 Diante da crise do magistério da Igreja, 55

   2 Recuperar Jesus como um Mestre interior, 57

   3 Jesus, princípio de renovação interior de nossa fé, 60

5 Tornarmo-nos discípulos de Jesus, 62

   1 A tarefa mais decisiva, 62

   2 Adentrarmo-nos na existência de Jesus, 65

   3 A atração por uma nova vida, 67

4 Jesus, Mestre interior, caminho em direção ao mistério de Deus, 68

6 Reavivar a espiritualidade revolucionária de Jesus, 71

1 Espiritualidade encorajada em nós pelo Espírito de Jesus, 71

2 Espiritualidade vivida como uma relação pessoal com Deus, 73

3 Espiritualidade marcada pela confiança absoluta em Deus, 75

4 Espiritualidade centrada na misericórdia de Deus como princípio de ação, 78

5 Espiritualidade voltada à cura do ser humano, 81

6 Espiritualidade comprometida em abrir caminhos para o projeto humanizador do Pai, 84

a) O Reino de Deus está próximo, 85

b) Convertei-vos: mudai vossa maneira de pensar e de agir, 85

c) Crede nas boas-novas, 85

7 Espiritualidade que nos orienta aos mais pobres e necessitados, 86

8 Espiritualidade criadora de responsabilidade ecológica, 88

a) Um novo olhar sobre a Terra, 89

b) Uma nova cultura de solidariedade, 90

7 Ler e meditar o Evangelho de Jesus, 93

1 A fé cristã como estilo de vida, 93

2 Recuperar a força renovadora do Evangelho, 95

3 Os evangelhos, relatos com força renovadora, 97

4 O Espírito vivificante de Jesus ressuscitado, 101

8 O silêncio interior, eixo da leitura orante do Evangelho, 103

    1 O silêncio interior, 103

    2 A força transformadora do silêncio interior, 106

        a) Novo relacionamento com Deus, 107

        b) Silêncio curador do nosso ser, 108

        c) Silêncio para ouvir o irmão que sofre, 109

    3 A experiência do mistério de Deus como Amor insondável, 110

    4 A experiência de existir unido a Deus, 111

9 Observar o recolhimento e a atitude orante, 114

    1 O recolhimento no segredo do coração, 114

    2 Observar a nossa atitude orante, 116

    3 Algumas sugestões práticas, 118

10 Leitura orante do Evangelho de Jesus, 122

    1 Os momentos da leitura orante do Evangelho, 123

        a) Leitura, 123

        b) Meditação, 124

        c) Oração, 126

        d) Contemplação, 127

        e) Compromisso na vida, 129

    2 Ordem da leitura orante dos textos do Evangelho, 130

    3 Formas de praticar a leitura orante do Evangelho, 131

        a) Primeira forma, 132

        b) Segunda forma, 132

        c) Terceira forma, 133

    4 Serviço aos pregadores, 134

Introdução

Esta obra tem o objetivo de contribuir para a recuperação de Jesus como Mestre interior.

Para isso, propomos dois objetivos concretos, que se enriquecem e se complementam mutuamente: a renovação interior do cristianismo, como é normalmente vivido em nossos dias, e a necessidade de reavivar a verdadeira espiritualidade de Jesus neste momento.

Uma espiritualidade que deve se nutrir de uma relação pessoal com Deus – vivida como Pai-Mãe – e se basear em uma confiança absoluta e aberta a um projeto humanizador.

Apresentação geral do projeto

Apresentarei o projeto desta obra indicando os principais objetivos que proponho: recuperar Jesus como Mestre interior, contribuir para a renovação interior do cristianismo atual e reavivar a verdadeira espiritualidade de Jesus.

1 Recuperar Jesus como um Mestre interior

Em um texto cristão difundido por volta do ano 67 d.C. podemos ler uma exortação que seria dirigida aos cristãos de nossos tempos: "Corramos com perseverança a corrida que nos é proposta, tendo os olhos fitos em Jesus, autor e consumador da nossa fé" (Hb 12,1-2). É assim que devemos viver nestes tempos difíceis: com os olhos fixos em Jesus. É Ele quem também hoje "inicia e consuma a nossa fé", ensinando-nos a viver com uma confiança absolutamente nova e única em Deus como Pai (*Abbá*), que procura introduzir no mundo de hoje seu projeto humanizador, a fim de dar passos rumo a uma humanidade mais justa, digna e fraterna para todos.

O primeiro objetivo desta obra é contribuir para a *recuperação de Jesus como Mestre interior*. Há um fato que deve preocupar todos nós: o descrédito, ou a falta de credibilidade, no magistério da Igreja. De forma massiva, os cristãos, mesmo os praticantes, conduzem suas vidas ignorando o magistério eclesiástico. No futuro, pouco adiantará insistir em sua importância se nós, cristãos – hierarquia e fiéis –, continuarmos a viver sem ouvir a voz interior de Jesus ressuscitado, Mestre interior, que, com a força de seu Espírito e de seu Evangelho, encoraja, chama, interpela e orienta aqueles que o seguem.

Há séculos, quando se fala do magistério na Igreja, só se pensa no magistério da hierarquia, quase sempre ignorando o magistério interior de Jesus Cristo ressuscitado. Sem dúvida, atualmente, a fé cristã também precisa da orientação responsável da hierarquia, mas um cristianismo que ignora Jesus e é guiado apenas *de fora* não continuará a levar seus membros à descrença, à indiferença ou à infantilidade?

Neste trabalho, meu propósito é resgatar Jesus como Mestre interior, a fim de promover outros *dois objetivos concretos,* que se enriquecem e se complementam mutuamente: *a renovação interior do cristianismo,* como é normalmente vivido em nossos dias, e *a necessidade de reavivar a verdadeira espiritualidade de Jesus neste momento.*

2 Rumo à renovação interior do cristianismo nos dias de hoje

O vazio interior do cristianismo de hoje é deplorável. A partir, principalmente, da Contrarreforma, e devido a vários fatores, a fé se reduziu, em grande parte, à aceitação de um conjunto de doutrinas. Muitos cristãos ainda pensam que a fé consiste simplesmente em acreditar *em coisas difíceis de entender*, mas que temos de aceitá-las para sermos cristãos e sermos salvos. Essa forma de entender e viver a fé está arruinando a vida cristã de muitos, esvaziando-a de toda a experiência interior de Deus.

Essa é a fé que está se perdendo em nossos dias. Sem uma experiência interior de Deus, a fé se reduz a algo tão infantil e superficial que não poderá sobreviver no futuro. Os homens e as mulheres de nossos dias, e talvez de sempre, acabam acreditando apenas naquilo que vivenciam e lhes faz bem interiormente: o que, de alguma forma, dá sentido à sua vida, dá-lhes forças para viver e introduz esperança em sua existência.

De fato, em muitos, o relacionamento interior com Deus vai ficando *reprimido* e atrofiado (Viktor Frankl). Em nossa sociedade, aos poucos, Deus tem se tornado uma palavra sem conteúdo, uma abstração, talvez uma má lembrança destinada a ser esquecida para sempre. É a hora da verdade, a hora de reagir. A primeira coisa que devemos introduzir e difundir em nossas comunidades e paróquias é esta boa-nova: todo ser humano pode descobrir dentro de si o mistério do amor insondável que nós, fiéis, chamamos de Deus. Todos podem conhecer, viver e desfrutar de maneira simples, mas real, a experiência interior de um Deus em quem podemos confiar. Só por meio dessa experiência poderemos despertar a atração por Deus como origem última da qual provém o nosso ser, realidade para a qual apontam os nossos questionamentos mais radicais e meta para a qual se dirige o nosso mais profundo anseio de vida.

3 Reavivar a verdadeira espiritualidade de Jesus

O grande convertido francês Marcel Légaut considerava que a conversão de que a Igreja necessita hoje exige "um segundo nascimento digno do primeiro". Não é suficiente saber um pouco mais sobre Jesus. Também não é suficiente segui-lo, enfatizando exclusivamente a dimensão moral. Nestes tempos, também devemos segui-lo para conhecer e viver a experiência de Deus vivida por Ele. Devemos reavivar o seguimento de Jesus como caminho espiritual. A renovação interior de nossa fé cristã só será possível se conhecermos e vivermos a verdadeira espiritualidade vivida por Jesus.

O interesse atual pelas questões do espírito não tem precedentes. Nunca se escreveu tanto sobre espiritualidade quanto atualmente. No entanto, quero salientar um fato que tem me surpreendido ultimamente. Boa parte do que se tem escrito sobre espiritualidade tende a marginalizar e até mesmo rejeitar a figura de Jesus, tornando-o irrelevante. Eu concordo com Albert Nolan quando diz: "Eu ousaria dizer que a espiritualidade de Jesus poderia ser mais relevante em nosso tempo do que em qualquer uma das épocas anteriores". Eu acrescentaria o seguinte: a espiritualidade revolucionária de Jesus possui uma força humanizadora e um potencial de luz para abordar precisamente os problemas humanos do mundo pós-moderno, tão grandes que dificilmente podem ser encontrados por outros caminhos espirituais.

No capítulo 6 descreverei em detalhes as características da espiritualidade de Jesus. Por isso, aqui me limito a indicar muito brevemente as características que procurarei abordar ao longo de meu trabalho, pois o tornam relevante justamente em nossos tempos.

a) Espiritualidade vivida como relação pessoal com Deus

Jesus vive sua experiência de Deus dirigindo-se a Ele como *você*. Todos nós devemos saber que os nomes e as palavras que são usados sobre Deus em diferentes culturas religiosas não explicam nem descrevem seu mistério. Mas, para nós, seguidores de Jesus, dirigirmo-nos a Deus como *você* nos permite expressar e viver nossa relação com Ele como um encontro pessoal. É assim que Juan Martín Velasco se expressa: "Estou completamente convencido de que o encontro interpessoal constitui a realidade humana e mundana menos inadequada para simbolizar a relação mais original com Deus".

Essa relação pessoal com o mistério de Deus torna possível a oração como experiência privilegiada para alimentar e encorajar a fé em Deus a partir de nós. Sob suas diferentes formas de petição, louvor, ação de graças, essa oração faz com que a relação com Deus de muitas pessoas não atrofie. Mais ainda: essa é a oração que torna a vida de milhões e milhões de pessoas de todas as religiões e de todos os tempos mais suportável e humana. Deus não é propriedade de espíritos selecionados. O silêncio interior e a contemplação podem nascer em todas as pessoas, por mais simples que sejam.

b) Espiritualidade marcada pela confiança absoluta em um Deus Pai de todos

Uma das características da espiritualidade de Jesus que desejo destacar de maneira especial em nossos dias é sua confiança absoluta em um Deus Pai de todos. Por um lado, essa confiança de Jesus é a chave de sua espiritualidade. Por outro lado, muitos têm se distanciado da fé cristã principalmente porque, desde a infância, foram educados no temor a Deus. Eu sei que, se conhecessem Jesus, uma nova confiança em Deus despertaria neles, e então conheceriam a paz interior e viveriam encorajados pela esperança.

Ao mesmo tempo, o mistério de Deus vivido como Pai de todos nos impele a nos comprometer por um mundo no qual a liberdade, a igualdade e a fraternidade para todos sejam possíveis. A convivência humana não se fundamenta apenas no fato de que pertençamos à mesma espécie, mas é uma exigência profunda oriunda do mistério de Deus. Essa espiritualidade de Jesus nos compromete, como seus seguidores, a trabalhar por uma sociedade mais livre, igualitária e fraterna em meio a uma cultura niilista, na qual corremos o risco de continuar a dar passos em direção a um futuro de homens e mulheres sujeitos a um bem-estar desumanizador, de indivíduos privados de consciência comunitária e solidária que pretendem construir uma falsa "aldeia global", provocando desigualdades cada vez mais cruéis na família humana.

c) Espiritualidade encorajada por um Deus Pai-Mãe

Outra característica da espiritualidade de Jesus que considero de suma importância para os nossos tempos é que a ação profética de Jesus não é inspirada por um Pai autoritário e dominador, e sim por um Pai que age com seus filhos com entranhas de uma Mãe. Basta aprofundar o acolhimento de Jesus aos menores e sua atividade curadora, aliviando o sofrimento de enfermos e desamparados. Como exemplo e paradigma podemos recordar a atuação materna do pai com seus dois filhos na Parábola do Pai Misericordioso (Lc 15,11-32).

Quero cuidar, nestes tempos, dessa dimensão da espiritualidade de Jesus, atualizando sua crítica à sociedade patriarcal de seu tempo e seu acolhimento às mulheres e aos homens em um discipulado de iguais, buscando sempre uma humanidade sem dominação masculina. Talvez tenha chegado o momento de introduzir em nossa linguagem a expressão *Deus Pai-Mãe* para falar desse Deus que não criou o homem para dominar a mulher, nem a mulher para ser dominada pelo homem.

d) Espiritualidade voltada a abrir caminhos para o projeto humanizador do Pai

Em qualquer espiritualidade é importante saber a que vinculamos o mistério de Deus, seja de forma explícita e consciente, seja de forma sutil e quase inconsciente. Xabier Pikaza resume a novidade de Jesus assim: "Sua verdade consistirá em insistir em Deus como Pai e em vinculá-lo à chegada do Reino, que Ele oferece acima de tudo aos pobres e excluídos da sociedade". É verdade. Jesus vinculou o mistério de Deus ao seu projeto de tornar a vida dos seus filhos – homens e mulheres – sempre mais humana.

Por isso, veremos que Jesus não vive Deus a partir de um silêncio que o isola da vida dos demais, e sim de uma experiência interior que o leva a viver abrindo caminhos para o projeto humanizador do Pai, que chamava de *Reino de Deus*, de acordo com a linguagem da tradição de Israel. Essa é a chave da espiritualidade de Jesus e da paixão de sua vida. Uma espiritualidade que vive de forma radical, identificando-se, acima de tudo, com a causa dos pobres, dos excluídos, dos mais esquecidos, daqueles que vivem *sem uma estrutura social protetora*.

Esse projeto do Reino de Deus não é uma religião. Vai além de crenças, preceitos e ritos de quaisquer religiões. É uma nova experiência de Deus, que reposiciona tudo de uma nova maneira. Podemos dizer que a espiritualidade de Jesus, voltada para abrir caminhos para o Reino de Deus, orienta-nos e encoraja-nos a dar passos rumo a uma vida como Deus, Pai-Mãe de todos, deseja construir. Cuidaremos especialmente de algumas características, todas relevantes para tornar mais humana a sociedade pós-moderna dos dias de hoje: um mundo em que se busque justiça e dignidade para todo e qualquer ser humano, a começar pelos mais excluídos; uma sociedade que acolha todos sem excluir ninguém, independentemente de raça, sexo, religião, nacionalidade etc.; uma convivência em que se promova a igualdade e a dignidade das mulheres para construir um mundo sem dominação masculina; uma religião que viva a serviço das pessoas, acima de tudo, dos mais esquecidos e marginalizados.

4 Leitura orante do Evangelho

Onde, em nossas paróquias e comunidades cristãs, podemos encontrar o caminho para promover a renovação interior de que nosso cristianismo necessita? Como reavivar entre nós a espiritualidade revolucionária de Jesus, tão importante para os nossos tempos? Sem dúvida, a contribuição dos teólogos é importante, pois continuam publicando obras que orientam o nosso pensamento e estimulam a renovação da nossa fé, ouvindo os sinais dos nossos tempos. É igualmente importante a reflexão dos pastoralistas, que sugerem caminhos práticos para responder aos desafios enfrentados pela ação pastoral e evangelizadora. No entanto, acredito que, nestes tempos de crise e nesta sociedade em que quase tudo é vivido de forma acelerada e fugaz, devemos também promover processos de conversão e renovação permanentes. Pelo menos essa é a razão que me inspirou a propor este processo de *leitura orante do Evangelho*.

Quando meu projeto já estava bastante avançado, deparei-me com um artigo de Juan Antonio Estrada, escrito em 2005, no qual analisa o que alguns chamam de *sociedade pós-cristã* e diz algo que considero interessante apontar aqui:

Seria necessário ensinar a orar em uma sociedade secularizada e oferecer uma espiritualidade, uma metodologia e uma pedagogia sobre como se abrir à transcendência. As grandes mudanças socioculturais encontraram resposta nas espiritualidades cristãs [...] que correspondiam às mudanças socioculturais da época e ofereciam caminhos alternativos. Mas não temos isso hoje. Seria necessário redefinir o carisma e a espiritualidade, bem como atualizá-los e adaptá-los ao novo contexto sociológico. Como isso não acontece, proliferam as espiritualidades selvagens, sincretistas e descabidas, pois as necessidades humanas subsistem.

Com meu projeto, quero contribuir de alguma forma para responder modestamente a essa necessidade.

a) Características desta proposta de leitura orante do Evangelho

No capítulo 10 explico em detalhes em que consiste minha proposta de praticar a leitura orante do Evangelho. Aqui aponto apenas algumas características para dar uma primeira ideia aos leitores:

Minha proposta não consiste em ouvir a Palavra de Deus em toda a Bíblia, e sim apenas ouvir o Evangelho de Jesus reunido nos quatro evangelhos. Não sigo o hábito de ler o Evangelho seguindo os textos dominicais nem de ir de um texto a outro de forma aleatória. Proponho uma sequência organizada de tópicos selecionados e voltados para os objetivos mencionados acima. E faço isso por razões pedagógicas e para que os leitores possam vivenciar um processo interno com mais facilidade.

Apresento os tópicos agrupados em capítulos. Cada capítulo começa com uma espécie de introdução, em que situo a leitura no contexto da Igreja atual e da sociedade pós-moderna. Não podemos ouvir o Evangelho nos isolando do mundo em que vivemos. Jesus também viveu sua espiritualidade lendo os sinais de seu tempo.

Ler o Evangelho sempre nos leva à vida concreta para abrir caminhos para o projeto humanizador do Pai (o Reino de Deus). Por isso, aos quatro momentos da *lectio divina* (leitura orante) da tradição – leitura, meditação, oração, contemplação –, acrescento sempre um quinto momento para concretizar ou revisar o nosso compromisso.

b) A prática concreta da leitura orante do Evangelho

Ao definir a forma de praticar a leitura orante, tenho em mente *dois objetivos práticos de natureza pastoral*. O primeiro e mais importante é colocar o Evangelho nas mãos dos leigos, membros da comunidade cristã. A grande maioria conhece apenas o texto evangélico *de segunda mão*. Vivem sua fé ou a abandonam privados da experiência elementar de ler o Evangelho, pessoal e diretamente. Esse fato é inexplicável na sociedade culta de hoje. O Concílio Vaticano II, promovido pela vontade de renovar e reavivar a fé cristã para os tempos modernos, lembrou a todos nós que "o Evangelho é, em todas as épocas, o princípio de toda sua vida para a Igreja" (*Lumen Gentium* 20). Chegou a hora de entender e organizar a comunidade cristã dos nossos dias como um espaço no qual, em meio à descrença, cuida para que a primeira experiência de cada cristão seja conhecer e acolher pessoalmente o Evangelho de Jesus.

Com minha proposta também tenho um segundo objetivo: contribuir para consolidar e facilitar a ação pastoral das paróquias que começaram a promover, sob diversos nomes, *encontros de silêncio e oração*. Sugiro um procedimento que pode ter dois momentos. Durante um tempo (uma ou duas semanas), os participantes que tiverem respondido à convocação da paróquia podem praticar a leitura orante do texto evangélico indicado pelos responsáveis. Depois, no dia indicado, todos se reúnem na paróquia para um *encontro de silêncio, oração e leitura do Evangelho*, no qual a experiência vivida em casa é aprofundada e reafirmada. Ainda hoje as paróquias são um lugar no qual, acima de tudo, realiza-se e promove-se a celebração litúrgica, a catequese e os serviços de caridade. É provável que, em um futuro não muito distante, enquanto a celebração litúrgica e a catequese definham, os encontros de oração, silêncio e leitura do Evangelho se fortaleçam e se tornem referência para algumas comunidades que caminham rumo a uma renovação interior da vida cristã em meio à incredulidade pós-moderna.

Espero também que essa proposta de leitura orante do Evangelho sirva de instrumento de evangelização com devotos ou não devotos que procuram o silêncio e a paz nos mosteiros de vida contemplativa ou cristãos que vão a encontros e jornadas de espiritualidade quando sentem a falta de Jesus. Esta proposta pode servir de apoio a comunidades de vida contemplativa e a casas de espiritualidade para que possam promover uma ação evangelizadora muito importante nestes tempos, organizando sessões de leitura orante do Evangelho, em um clima favorecido pelo seu testemunho de oração contemplativa, sua escuta e sua orientação às pessoas que as procuram.

5 Formato da obra

Será lançada em pequenos volumes. O primeiro é de caráter introdutório, no qual apresento alguns tópicos que podem nos ajudar a compreender melhor a leitura orante do Evangelho e nos preparar para praticá-la com eficácia.

A partir do segundo volume começa a jornada da leitura orante. Quem não fizer a leitura ordenada dos tópicos encontrará, nos índices, o texto evangélico sobre os quais tenha interesse em meditar.

1
Em meio a uma crise sem precedentes

Não é possível apresentar aqui, nem mesmo de forma resumida, as análises que vêm sendo publicadas sobre a sociedade ocidental contemporânea. Não é fácil analisar o que está acontecendo. Inclusive, são usados termos diferentes para fazer referência a esses tempos: "modernidade em crise", "modernidade tardia", "hipermodernidade", "pós-modernidade", entre outros. Existe um consenso bastante geral quanto à afirmação de que aquilo que vem ocorrendo neste início do século XXI está marcando profundamente a vida humana. Muitos pensam que não estamos vivendo apenas tempos de mudança, mas testemunhando uma mudança de época.

O momento atual é complexo e está cheio de tensões, contradições e incertezas. Nem todo mundo faz a mesma leitura, mas uma palavra quase sempre é dita: *crise*. É verdade. A crise é um fenômeno que se espalhou a todos os domínios da existência e a todos os setores da sociedade; há uma crise metafísica, cultural, religiosa, econômica, política e ecológica. A família, a educação, as tradições e as instituições de outros tempos estão em crise. Grande parte dos mitos da razão, da ciência e do progresso caiu por terra: a razão não está nos levando a uma vida mais digna, a ciência não nos diz como ou para onde orientar a história, o progresso não é sinônimo de bem-estar para todos. Alguns falam de *omnicrise*, ou crise total. Mas aqui vou me limitar a comentar alguns dados básicos que julgo ser necessário levar em conta para o objetivo do meu trabalho, que é promover a renovação interior da nossa fé cristã aprendendo a viver a espiritualidade de Jesus precisamente nestes tempos de crise.

1 A loucura do consumismo

Neste momento, a história da humanidade está presa a um sistema econômico-financeiro gerado basicamente pelo capitalismo neoliberal. A dinâmica imposta por esse sistema é irracional e desumana. Por um lado, estimula os povos mais poderosos a acumular bem-estar; por outro, gera fome, pobreza e morte nos países mais necessitados do planeta. Dessa forma, está condicionando o futuro da humanidade.

Esse sistema nos tornou escravos da ânsia de acumular. Tudo é pouco para nos sentirmos satisfeitos. Precisamos de mais produtividade, mais bem-estar, mais tecnologia, mais competitividade, mais poder sobre os outros. Assim, nos países mais desenvolvidos, chegou-se à loucura do consumismo. O *slogan* que rege essas sociedades é claro: "Se você quer ser feliz, tem que consumir". O consumismo é proposto como um fim em si mesmo. Os outros propósitos que a pessoa possa ter são enfraquecidos ou atrofiados. Em poucos anos, a oferta de produtos, serviços e experiências cresceu de forma impressionante. Continuamente, recebemos propostas que chegam aos nossos sentidos por meio da publicidade e de outros meios sutis e ocultos que a sociedade de consumo utiliza para nos atrair.

Já se fala de uma *cultura do assédio*. Somos bombardeados com todo tipo de ofertas: viagens, férias com descontos tentadores, restaurantes com diferentes estilos de gastronomia, os últimos modelos de roupa de diferentes marcas, os celulares mais sofisticados do ano, computadores, tablets, smartphones, automóveis. Mas ideias, experiências únicas, sentimentos, relacionamentos amorosos também são comercializados.

O consumismo continua crescendo. Parece não ter limites. Temos que provar de tudo, experimentar tudo. É cada vez mais difícil escolher: o melhor é acumular produtos, um após o outro. Precisamos consumir tudo o que pudermos, e quanto antes, melhor. Tudo está ao nosso alcance. Devemos continuar consumindo, desenvolver nossa capacidade de consumir cada vez mais, buscar experiências mais novas e prazerosas.

Esse modo de vida atraído pelo consumismo está tendo um impacto cada vez mais profundo. Muitas pessoas acabam vivendo apenas para satisfazer à sua sede por novas ofertas de consumo. Porém, por dentro, tantas propostas podem acabar provocando saturação. A teóloga brasileira Maria Clara Bingemer definiu bem as consequências dessa sociedade assediada pelas correntes da moda, da publicidade e das tendências: "O risco é se reduzir a uma identidade nebulosa, sem laços afetivos firmes, sem referências sólidas, sem alternativas de escolha e de pertencimento, sem capacidade de decidir sobre a própria vida".

A vida da pessoa se reduz a se deixar levar pelas diferentes correntes que a conduzirão a diferentes direções. Continuará a alimentar sua existência com necessidades muitas vezes artificiais, habilmente criadas pela sociedade de consumo. Necessidades que provêm de fora e não respondem nem às suas reais necessidades nem aos desejos que brotam do âmago do ser humano. A autonomia de cada um, tão almejada desde o início da Modernidade, acaba sendo asfixiada por uma cultura de consumismo que não nos permite ser nós mesmos.

Vivemos em uma *sociedade de sensações*, em que muitos perdem a capacidade de se abrir para experiências mais profundas. Esse modo de viver já faz parte de sua interioridade. Não há mais espaço ou tempo para a reflexão pessoal, para tomar decisões próprias sobre a vida nem para buscar outro significado mais profundo para sua existência. A identidade das pessoas fica viciada. Seu comportamento se torna cada vez mais difuso e compulsivo. É por isso que o recém-falecido sociólogo e filósofo polonês Zygmunt Bauman falou tanto sobre *modernidade líquida*, *vida líquida*, *amor líquido*.

2 A fuga para o barulho

Não é fácil viver o vazio criado pelo consumismo e pela superficialidade da nossa sociedade. Portanto, é normal que as pessoas busquem experiências que preencham esse vazio interior ou, pelo menos, tornem-no mais suportável. Uma das maneiras mais fáceis de escapar é o barulho: já criamos uma sociedade barulhenta e superficial. Vivemos na *civilização do barulho* (Maure de Smedt).

A mídia invadiu a sociedade. Hoje vivemos saturados de informações, reportagens, notícias, propagandas e reclamações. Nossa consciência é capturada por tudo e por nada: é assediada por todos os tipos de impressões e, ao mesmo tempo, é indiferente a quase tudo. A mídia nos oferece uma visão fragmentada, descontínua, detalhada e pontual da realidade, o que torna muito difícil a formulação de uma síntese. Esse tipo de informação tende a dissolver a força interior das convicções, atraindo as pessoas a levarem uma vida focada em interesses externos.

Devemos destacar, acima de tudo, o impacto da televisão. Hoje, ela dita as convicções, os centros de interesse, os gostos, as conversas e as expectativas das pessoas. E faz isso de maneira simples: produz imagens e define conceitos, desenvolve o ato de olhar, mas atrofia nossa capacidade de reflexão, prioriza o sensacionalismo em detrimento do real. A televisão de hoje busca cada vez mais distrair, impactar e sempre aumentar sua audiência. Inculca informações, imagens e reivindicações em nossa consciência, anulando nossa atenção para o interior e nos impedindo cada vez mais de viver nossa existência a partir de suas raízes.

Por outro lado, o desenvolvimento da telefonia móvel e da comunicação em rede nos introduziu rapidamente em uma nova cultura, em que o meio virtual e a multiplicidade de contatos prevalecem. Do ponto de vista da minha reflexão, apontarei apenas que o uso indevido do acesso à rede e a interação virtual estão criando dependências cada vez mais sérias. Não são poucas as pessoas que estão se isolando de seu ambiente real, dispersando sua atenção para as mil atrações do mundo virtual. Como é evidente, quem se deixa levar pela dependência do mundo virtual facilmente negligencia outras dimensões do ser humano, como a relação amorosa, a vida interior, a responsabilidade ou a busca de sentido.

Por último, temos que falar diretamente sobre o barulho. Aos poucos, o barulho foi tomando conta das ruas e das casas, dos ambientes e das consciências. Trata-se de um barulho externo que polui o espaço urbano, gerando estresse, tensão e nervosismo: um barulho que faz parte da vida atual, cada vez mais afastada do ambiente sereno da natureza. Mas também se procura outro barulho. A pessoa superficial não suporta o vazio. O que procura é o barulho interior para não ouvir o próprio vazio: palavras, imagens, música, balbúrdia. Dessa forma, fica mais fácil viver sem escutar nenhuma voz interior: manter-se ocupado com algo para não se encontrar consigo mesmo.

Atualmente, o barulho está dentro das pessoas: na agitação e na confusão que reinam em seu interior, na pressa e na ansiedade que dominam sua vida diária. Um barulho que muitas vezes não é outra coisa senão uma projeção de conflitos, vazios e contradições que não se resolveram no silêncio da consciência interior. Longe de procurar aquele silêncio curador, o que procuramos hoje é um ruído suave, um som agradável que nos permita viver sem ouvir o silêncio. O fenômeno da *explosão musical* é significativo na sociedade atual. A música se tornou o ambiente permanente de muitas pessoas. Ouvem música no trabalho, no restaurante, no carro, no ônibus, no avião... Ao ler, caminhar ou praticar esportes. É como se o homem ou a mulher de nossos dias sentisse uma necessidade secreta de permanecer fora de si, com a consciência agradavelmente anestesiada.

3 Algumas características da crise das pessoas de hoje

Não pretendo fazer uma análise sociológica. Destaco apenas algumas características por trás das quais não é difícil perceber a necessidade que muitos homens e mulheres de hoje têm de silêncio interior, meditação e espiritualidade.

a) Sem interioridade

O barulho dissolve a interioridade, a superficialidade o anula. Privada de silêncio, a pessoa vive apenas no mundo externo, superficialmente. Toda a sua vida passa a se basear no meio externo.

Sem contato com o essencial de si mesmo, sempre conectado com esse mundo externo no qual está instalado, o indivíduo resiste a qualquer chamado interior. Prefere continuar vivendo uma existência sem transcendência, na qual o importante é viver entretido, agir sem alma, continuar anestesiado por dentro.

b) Sem núcleo unificador

Consumismo, barulho, superficialidade, pressa impedem uma vida de núcleo interior. A existência se torna cada vez mais instável e agitada. A consistência interna não é possível. O indivíduo não tem mais referências ou objetivos básicos. Sua vida se transforma em um labirinto. Ocupada em mil atrações que a arrastam, a pessoa se movimenta e se agita incessantemente, mas não sabe para onde está indo. Não encontra mais um fio condutor que guie sua vida, uma razão profunda que sustente e encoraje sua existência.

c) Indiferente aos grandes questionamentos da existência

A sociedade pós-moderna tem cada vez mais poder sobre sua população. Absorve as pessoas por meio de ocupações, projetos e expectativas, mas quase nunca é para promover uma vida mais nobre e digna. Em geral, o estilo de vida imposto pela sociedade afasta as pessoas daquilo que é essencial. O homem e a mulher de hoje não estão interessados nos grandes questionamentos da existência. Não têm certezas firmes nem convicções profundas. O importante é organizar a vida da forma mais prazerosa possível: curtir a vida, tirar o máximo proveito dela. Não existe qualquer tipo de proibição. Fora isso, não fazer mal a ninguém. De resto, o que eu gosto é bom e o que eu não gosto é ruim. Isso é tudo. Não são necessários objetivos nem ideais mais nobres. O que importa é se divertir.

d) Seriamente irresponsável

Este é o risco de muitos hoje: viverem perfeitamente adaptados aos padrões de vida que são impostos de fora, mas sempre com menos capacidade de enfrentar a própria existência com responsabilidade. Este é o risco de quem vive submetido à sociedade: acostumar-se a viver obedecendo sem reclamar a um projeto de vida que não foi traçado por ele. Tornar-se uma espécie de robô programado e dirigido de fora: um indivíduo que sobrevive em meio à sociedade sem saber o que é viver a partir de suas raízes.

e) Uma vida com quase nenhum conteúdo humano

Na sociedade pós-moderna cuida-se cada vez mais das aparências e menos da vida interior. Os valores são substituídos por interesses; o sexo é chamado de amor; o prazer, de felicidade; a informação, de cultura... O ser humano de hoje corre o risco de cair no tédio e perder até mesmo o prazer de viver. Esse homem *light* se sente cada vez mais perdido diante dos grandes questionamentos da existência.

4 A *crise de Deus*

A fé em Deus está morrendo na consciência do homem e da mulher na sociedade pós-moderna. Em poucas décadas, passamos de uma afirmação social, massiva, pública e institucional de Deus a um estado de indiferença geral. Deus deixou de ser o fundamento da ordem social e o princípio integrador da cultura. Deus é uma questão que pouco atrai ou inquieta: simplesmente deixa um número cada vez maior de pessoas indiferentes. A ideia de Deus não é mais rejeitada, como acontecia no início da Modernidade; pior, é simplesmente ignorada.

O teólogo alemão Johann Baptist Metz considera esta *crise de Deus* um fato nuclear que está impactando a configuração do ser humano de nosso tempo. Esta *morte de Deus* não é uma boa notícia para ninguém, pois está arrastando a humanidade para um niilismo que alguns consideram *a definição dos nossos tempos*. E o motivo é claro. O filósofo espanhol Gabriel Amengual o resume de forma brilhante: "A morte de Deus não indica apenas o desaparecimento da ideia de Deus e da metafísica nela fundada, mas também qualquer tentativa de fornecer coerência e sentido, fundamento e propósito, metas e ideais; o colapso de todos os princípios e valores supremos".

Não é de se estranhar que a *crise de Deus* e seu consequente niilismo provoquem questionamentos vitais e perturbadores: Onde o convívio humano pode encontrar um eixo que oriente sua jornada histórica? O que será das religiões? Elas desaparecerão? Elas se transformarão? Podemos ver alguma luz no horizonte para o futuro?

2
A hora da verdade

Já se passaram muitos anos desde que Émile Poulat afirmou que estamos entrando em uma *era pós-cristã*. É inútil nos enganarmos. A crise do cristianismo continua crescendo. O cristão é cada vez mais irrelevante. A Igreja está se tornando um fenômeno marginal. Em alguns setores, sua atuação nem sequer é considerada digna de discussão ou de crítica.

Até mesmo cristãos que não abandonaram a prática religiosa confessam que já não têm certeza de sua devoção. Também não se comunicam com Deus. Algum autor ousou falar da *incredulidade secreta* que está crescendo dentro da Igreja, sem excluir padres e bispos. O que está acontecendo?

1 O vazio interior do cristianismo

Já no século XIX, John Henry Newman (1801-1890), o teólogo inglês mais prestigioso de seu tempo, afirmou que uma fé simples, vivida apenas como herança de uma tradição social ou como um costume familiar, no futuro poderia levar as pessoas cultas à indiferença e as pessoas simples à superstição.

Nas últimas décadas, algumas palavras de Karl Rahner têm sido repetidas com frequência: "O cristianismo do futuro será 'místico' – isto é, a pessoa dirá que 'experimentou' algo –, ou não será cristão, porque a espiritualidade do futuro não será mais baseada em um ambiente religioso generalizado, anterior à experiência e à decisão da pessoa".

Não faltaram outras vozes que chamassem atenção para a situação. Entre nós, Juan Martín Velasco se pronunciou usando termos fortes: "Muitos de nós estamos convencidos de que ser místicos é a única maneira de continuar sendo cristãos, não por razões conjunturais, e sim porque a experiência de fé em Deus, base de todo misticismo, é o centro e a base de toda a vida cristã".

O esvaziamento espiritual do cristianismo vem de longe. O teólogo francês Yves Congar lamentou a mudança experimentada pelo catolicismo em sua reação defensiva à Reforma Luterana. Martín Velasco resume essa reação da seguinte maneira: "Consistiu, acima de tudo, em criar uma série de instituições, normas, disciplinas e práticas que defendessem os católicos, principalmente os mais humildes, da influência negativa dos perigos externos". Podemos dizer que, a partir do século XVI, a Igreja vive tentando defender seus fiéis dos perigos que podem ameaçar sua fé; primeiro, contra a Reforma Protestante; depois, contra a Modernidade; hoje, contra o crescimento da incredulidade.

Essa atitude defensiva teve graves consequências, pois favoreceu um estilo de cristianismo: a fé se reduziu à aceitação de um conjunto de doutrinas, a religião tem se concentrado em práticas externas, e a desconfiança na experiência interna dos fiéis se consolidou pelo temor de que favoreceria um subjetivismo ilegítimo à margem da ortodoxia. A renovação interior do cristianismo exige que descubramos honestamente aquilo que não tem raízes profundas na nossa experiência interior e que é apenas fruto da nossa tendência de procurar segurança.

Neste momento, podemos apontar três fatos que estão arruinando rapidamente o cristianismo que herdamos e vivemos até hoje. Pensemos no número significativo de pessoas que cumprem todos os deveres externos da sua religião cristã e morrem sem nunca ter vivido uma experiência interior do mistério de Deus ou de Cristo ressuscitado. São cristãos que formaram uma ideia de Deus que basta para regular sua vida de alguma forma, mas sem transformá-la internamente.

Além disso, dentro desse cristianismo convencional e rotineiro, a fé é quase sempre reduzida à aceitação geral de um conjunto de doutrinas. Muitos cristãos pensam que a fé consiste em acreditar *em coisas difíceis de entender*, mas que temos de aceitá-las para sermos cristãos e sermos salvos. Essa confusão da fé em Deus com a aceitação das doutrinas pregadas pela Igreja está arruinando a vida cristã de muitas pessoas, deixando-as vazias de qualquer experiência interior.

Mas quando a fé se reduz a *crenças*, na realidade, as pessoas não acreditam propriamente em Deus, mas naqueles que lhes falaram de Deus: pais, catequistas, padres. Privadas de uma experiência pessoal de Deus, essas pessoas vivem uma fé *de segunda mão*, baseada no maior ou menor crédito que a Igreja ou a vida dos cristãos possam merecer. Quando a experiência interior de Deus é substituída por uma fé externa e falsa, é difícil que consiga sobreviver. Essa é a fé que está se perdendo de forma acelerada na sociedade pós-moderna de nossos dias.

Poucos denunciaram essa mediocridade espiritual com a força com que Karl Rahner o fez:

> É preciso afirmar que a Igreja deve ser uma Igreja *espiritual* se quiser ser fiel à sua própria essência [...]. Por isso, a Igreja deve redescobrir e atualizar suas próprias forças espirituais. Porém, para ser sinceros, no campo da espiritualidade somos, em grande medida, uma Igreja sem vida [...]. Na vida pública da Igreja de hoje (com toda a boa vontade, que não se pode negar), continuam a predominar o ritualismo, o legalismo, a burocracia, e a Igreja continua trilhando, com resignação e tédio crescentes, os caminhos habituais da mediocridade.

2 A hora da verdade

O chamado de Rahner, tão lúcido quanto ousado, encontrou poucos seguidores. É verdade que estamos nos conscientizando da necessidade de uma profunda renovação espiritual, mas ainda estamos longe de promover um movimento de renovação interior do nosso cristianismo na Igreja. No entanto, a crise religiosa de hoje é tão profunda, que algumas reformas superficiais já não são suficientes. Se a nossa fé não se alimentar da experiência interior, única fonte que pode nutri-la, este cristianismo continuará a se perder.

Não devemos esquecer a tentação, sempre latente na Igreja, de continuar fazendo o que sempre foi feito, o que em outros tempos nos ajudou a nos sentirmos dominantes e fortes, úteis e importantes. É também a tentação de procurar sobreviver sem promover nenhuma conversão. Insistimos nessa saída medíocre e dramática de buscar o que parece eficaz no momento, embora sintamos que cada vez faz menos sentido para os outros e até para nós mesmos. Persistimos nessa *fecundidade exterior* que nos permite continuar a sustentar o funcionamento exterior das coisas, embora, por dentro, não estejamos em contato com o que é essencial: a experiência interior de Deus, da qual brota a verdadeira fé.

As previsões estão se concretizando: nós, cristãos, estamos atravessando um deserto de exterioridade e vazio espiritual. A hora da verdade está chegando: muitas perguntas podem nascer em nós. Vivemos uma decadência da fé cristã ou o prenúncio de uma renovação interior capaz de reavivá-la? Seremos capazes de nos livrarmos do peso de tantos séculos de adesões pouco cristãs e reavivar em nossas comunidades uma experiência viva de Deus no seguimento de Jesus como único Mestre interior? A Igreja, já velha, poderá renascer do Espírito nos dias de hoje?

É possível reavivar a experiência pessoal de Deus nestes tempos em que a descrença está crescendo de maneira irrefreável sob várias formas de niilismo, agnosticismo ou indiferença? Que forma essa espiritualidade do futuro assumirá entre nós em tempos de ocultação social de Deus? Como e onde essa renovação espiritual pode começar? Quem pode nos levar, neste momento, a uma abertura confiante ao Espírito de Deus?

Hoje, ninguém pode prever com certeza o futuro da fé entre nós. As mudanças socioculturais são tão profundas e vertiginosas que só podemos caminhar em direção a um futuro desconhecido. Queiramos ou não, devemos marchar em direção ao imprevisível com ousadia, correndo riscos e confiando no Mistério último da realidade que os fiéis, não todos, chamam de *Deus*. De qualquer forma, esse processo de renovação interior será lento e poderá durar séculos. O início será frágil. Só seremos capazes de perceber alguns sinais frágeis, quase insignificantes.

Mas não devemos esquecer de que aquilo que chamamos de *crise religiosa* é, ao mesmo tempo, o grande *"sinal destes tempos,* embora ainda não saibamos lê-lo com espírito profético. Deus está conduzindo a Igreja para uma nova situação, contra a nossa vontade. A história está privando a Igreja de poder, prestígio e segurança mundanos. Em poucos anos, a Igreja será menor, mais pobre e mais frágil. Terá que aprender a viver em minoria. Conhecerá, na própria carne, o que significa ser perdedora e viver marginalizada. Só a partir dessa pobreza aprenderá a dar passos humildes para sua conversão. Essas pequenas comunidades de fiéis se voltarão para Jesus com mais verdade e fidelidade do que nós. Buscarão a Deus com mais força do que nunca e, no seio de uma sociedade que o declarará, mais uma vez, morto, vão encontrá-lo onde sempre esteve e sempre estará: no âmago do ser humano.

3 Aproximação da espiritualidade vivida por Jesus

Quando, em 2007, publiquei minha obra *Jesus: aproximação histórica*, na introdução expliquei meu objetivo com estas palavras:

> Meu propósito fundamental tem sido *aproximar-me* de Jesus com rigor histórico e com uma linguagem simples, para aproximar sua pessoa e sua mensagem do homem e da mulher de hoje. Quero despertar na sociedade moderna o desejo por Jesus [...]. Estou convencido de que Jesus é o melhor que temos na Igreja e o melhor que podemos oferecer à sociedade moderna. E não só isso. Acredito, como muitos outros pensadores, que Jesus é o melhor que a humanidade nos deu. O mais admirável potencial de luz e esperança com que os humanos podem contar. O horizonte da história ficaria empobrecido se Jesus caísse no esquecimento.

O cristianismo de hoje está passando por uma crise sem precedentes. Durante esses anos fui tomando cada vez mais consciência de que já não basta promover reformas externas: fortalecer as instituições, controlar a ortodoxia, endurecer a disciplina. É o próprio coração da nossa fé cristã que precisa de uma renovação interior. A aproximação histórica de Jesus me levou a propor aos fiéis e aos não fiéis a experiência interior de Deus vivida por Ele.

Faço isso em um momento no qual, como indiquei, uma nova percepção da espiritualidade está crescendo entre nós, tanto dentro quanto fora das religiões, tanto entre os fiéis quanto entre os não fiéis. E isso não é de se estranhar.

O que Raimon Panikkar afirma é verdade: "Existem tantos caminhos psicológicos para a experiência de Deus quanto pessoas; tantos caminhos tradicionais quanto religiões; tantos caminhos pessoais quanto religiosidades". É por isso que não deveria nos surpreender que não poucos cristãos hoje procuram centros e retiros de meditação de inspiração oriental em busca de especialistas que os iniciem na prática do Zen, na visão não dual (*advaita* do hinduísmo), da meditação das quatro verdades do budismo. Devemos nos alegrar que muitos deles descubram a importância da vida interior, a profundidade do silêncio, do desapego, até experimentar uma verdadeira transformação interior que os ajude a dar um novo sentido à sua existência.

Mas isso não significa ignorar a espiritualidade de Jesus ou considerá-la irrelevante, especialmente na sociedade pós-moderna de hoje. Esta sociedade em crise pode encontrar em Jesus a alegria de poder invocar a Deus como *você*; a confiança no mistério insondável de Deus, percebido internamente como Pai; a força do mistério de Deus, que nos encoraja a construir um mundo mais humano, fraterno e unido; a misericórdia como princípio de ação não só para aliviar o sofrimento causado pela própria pessoa (desejos nocivos, apegos, ignorância...), mas para lutar contra o sofrimento causado por abusos, injustiças, estruturas de poder.

Penso que as correntes de espiritualidade inspiradas no Oriente e a espiritualidade inspirada por Jesus no Ocidente são chamadas a se enriquecerem mutuamente para o bem de toda a humanidade nesses tempos de crise global. Alguns autores expressam isso nestes termos: de certa forma, podemos dizer que a espiritualidade oriental nos ensina a *fechar os olhos* para descobrir, no silêncio interior, a força curativa do mistério de Deus nas pessoas. A espiritualidade de Jesus também nos ensina a *abrir os olhos* para descobrir a força que vem do mistério de Deus para humanizar a vida e construir um mundo sempre mais digno, justo e fraterno.

Quero propor, de forma simples e prática, a espiritualidade de Jesus para dar passos rumo à experiência de Deus, porque estou convencido de que pode ajudar muitos a renovarem internamente a fé nesses tempos críticos para o cristianismo.

3
Uma pergunta decisiva

Em um lugar solitário, longe da Galileia, enquanto caminham pela região de Cesareia de Filipe, não longe das nascentes do Jordão, Jesus pergunta a seus discípulos sobre os rumores que certamente ouviram sobre sua pessoa. Mas, então, sem comentar suas respostas, pergunta diretamente: "Mas vós, quem dizeis que eu sou?" (Mc 8,29). Os discípulos já convivem com Ele há algum tempo. Chegou a hora de se pronunciarem: Quem estão seguindo? O que descobrem nele? O que captam em suas atuações, suas mensagens e seus projetos? "Quem sou eu para vós?"

Essa simples pergunta de Jesus atravessa os séculos e chega até nós, hoje. A identidade do nosso cristianismo está em jogo em torno destas perguntas: Quem realmente é o Jesus que se dirige aos cristãos hoje? Quem é o Jesus que está inspirando e impulsionando a Igreja de nossos dias?

1 Entender a pergunta

A primeira coisa que precisamos fazer é entender bem a pergunta. Jesus não pergunta: "Quem sou eu?", mas "Quem sou eu para você?" É uma pergunta pessoal.

Jesus não força ninguém. Não se impõe. O que busca é um relacionamento pessoal com cada um de seus seguidores: "Quem sou eu para você?"

Jesus recebeu títulos muito diferentes: *Filho de Deus, Cristo, Profeta, Salvador*. Mas Ele não nos pergunta com que título queremos qualificá-lo. Ele nos pergunta algo mais simples e também mais pessoal e íntimo: "Quem sou eu para você?" Isso faz com que cada um de nós nos perguntemos que relação temos com Jesus, que lugar Ele ocupa na nossa vida, como o vivemos, como nos colocamos diante dele, como o sentimos dentro de nós. Só posso dizer quem é Jesus para mim com base no relacionamento que tenho com Ele.

Jesus não nos pergunta o que os concílios dizem sobre Ele. Sua pergunta nos convida a buscar dentro de nós um nível mais profundo de verdade pessoal. No ano 451, o Concílio de Calcedônia definiu Jesus Cristo em pouco mais de trezentas palavras técnicas cuidadosamente escolhidas (natureza divina e natureza humana unidas em uma pessoa, inseparáveis, embora não confundidas). Apenas a confissão de dogmas não é suficiente para responder à pergunta de Jesus. Encerrá-lo em fórmulas, conceitos ou dogmas não é suficiente. Pode haver muitas maneiras ortodoxas de qualificar Jesus, mas sua pergunta nos convida a buscar uma resposta pessoal que só pode vir de dentro de cada um de nós.

Jesus também não nos pergunta o que os historiadores dizem sobre Ele. Essa pesquisa é necessária para entender melhor sua mensagem, sua atuação, seu projeto, as reações que Ele provoca. Essa pesquisa pode nos ajudar a conhecê-lo melhor. No entanto, nossa experiência interior de Jesus não é o resultado de nosso conhecimento histórico. *Quem Jesus é para mim* é algo muito mais vital do que todos os dados que os especialistas que investigam sua historicidade podem nos fornecer.

2 Ouvir a pergunta de Jesus em silêncio

Devemos ouvir a pergunta de Jesus em silêncio. As perguntas importantes convidam ao silêncio. Assim é a pergunta de Jesus. Antes de arriscar qualquer resposta devemos ficar em silêncio, ouvir sua pergunta uma e outra vez e abrir espaço para ela dentro de nós. Em nossa cultura "chegamos a um ponto em que não precisamos mais de respostas, diagnósticos ou soluções. Precisamos reaprender a escutar, com humildade e profundidade, as perguntas redentoras" (John Main).

Perguntas redentoras são aquelas que podem despertar a criatividade em nós e nos libertar daquilo que nos bloqueia, aquelas que ativam processos de cura em nós, aquelas que sacodem a consciência e nos arrancam da mediocridade, aquelas que renovam nosso espírito e reavivam nossa esperança. Assim é a pergunta de Jesus. Estou cada vez mais convencido de que a *pergunta redentora* de que o nosso cristianismo precisa hoje é esta: "Quem sou eu para você?"

Antes de continuar a dar respostas, propor soluções ou estabelecer metas na Igreja, precisamos ouvir quem realmente é o Jesus que está inspirando, orientando e alimentando os cristãos de nossos dias. A pergunta de Jesus não pede simplesmente a nossa opinião. Se o ouvirmos em silêncio, sentiremos que nos desafia, especialmente quanto à nossa atitude interior perante Ele. Sua pergunta nos pede uma decisão radical. Jesus é apenas mais um em nossa vida ou é alguém que guia o nosso ser, dá sentido real à nossa existência e desperta em nós uma esperança inabalável? Se a ouvirmos assim, a pergunta de Jesus adquire um novo conteúdo. Não é mais apenas um questionamento sobre Ele, mas sobre nós mesmos: "Quem sou eu?", "Em quem realmente creio?", "Com base em que oriento a minha vida?", "A que se resume minha fé cristã?"

Vamos pensar um pouco. Para muitos de nós, a figura de Jesus nos chegou moldada por pregações, explicações teológicas ou dogmas. Também por meio de imagens, filmes, leituras, devoções, que ora nos aproximam de Jesus, ora nos afastam dele. É por isso que devemos evitar responder à sua pergunta de forma precipitada. Muitas vezes, por costume, piedade ou tradição, tendemos a pronunciar fórmulas que o cristianismo vem cunhando, mas sem ouvir seu chamado dentro de nós, sem nos deixarmos atrair por seu amor apaixonado, sem nos deixarmos conduzir por Ele, sem nos contagiarmos com sua liberdade, sem fazer esforços para seguir seu caminho.

Em nosso cristianismo, tudo é possível: adorar Jesus Cristo como *Deus*, mas sem que seja o centro de nossa vida; reconhecê-lo como *Senhor*, mas dando as costas para seu projeto e até mesmo sem saber muito bem como era e o que queria; chamá-lo de *Mestre*, mas sem aprender a viver guiado por sua mensagem e com seu espírito. Paradoxalmente, a *ortodoxia* de nossas fórmulas doutrinais pode nos dar segurança, dispensando-nos de buscar um encontro mais vivo com Ele.

Os cristãos que agem assim não são culpados que devemos condenar. Em grande parte, são vítimas de um cristianismo muito difundido entre nós. São cristãos que, desde muito jovens, fizeram uma ideia infantil de Jesus, quando ainda não tinham lucidez para refletir sobre o sentido de sua vida. Posteriormente, ninguém os ajudou a se encontrar com Ele. Alguns nunca mais repensaram sua fé em Jesus Cristo, sua religião se tornou algo trivial e inútil e pensaram que o mais sensato era abandoná-lo. Outros, pelo contrário, apoiaram-se na segurança de que a religião pode lhes oferecer em tempos turbulentos e cheios de incertezas, mas a entendem e vivem de tal forma que possivelmente nunca possam ter uma experiência realmente viva quanto ao que significa viver em contato pessoal com Jesus. Marcel Légaut escreveu estas duras palavras: "Esses cristãos não sabem quem é Jesus e estão condenados por sua própria religião a jamais descobri-lo". Talvez seja assim, mas não devemos nos conformar. O que devemos fazer é reagir e promover na Igreja a espiritualidade vivida por Ele, o mais rápido possível.

3 Encontro pessoal com Jesus

A pergunta de Jesus continua aguardando nossa resposta. Se os cristãos de hoje ignorarem Jesus e perderem o contato interior com Ele, viverão como se estivessem perdidos. Uma experiência pobre, parcial ou falsa de Jesus nos levará a uma experiência pobre, parcial ou falsa de nossa fé.

Há muitos séculos, obscurecemos Jesus com nossa mediocridade. Projetamos nele nossos desejos, interesses, limitações e egoísmos. Sem perceber, nós o menosprezamos e desfiguramos. Mas Jesus continua vivo. Jamais podemos menosprezá-lo em virtude da nossa superficialidade. Ele não se deixa rotular com fórmulas nem se reduzir a ritos ou costumes vividos sem uma experiência interior. Muitas vezes, esquecemos que a fé não consiste essencialmente em acreditar em algo, mas em acreditar em alguém. Não se trata de aderir a um credo ou aceitar superficialmente um conjunto de doutrinas. Isso é determinante para nos encontrarmos com Jesus, o Cristo, que nos atrai e nos conduz ao mistério insondável de um Deus Pai.

Na sociedade pós-moderna de hoje, é cada vez mais difícil acreditar em qualquer coisa. As ideologias mais fortes e os sistemas mais poderosos estão desmoronando. Nesse contexto sociocultural, são muitos os que, indiferentes a dogmas, doutrinas ou ideologias, sentem necessidade de procurar *algo diferente*, uma nova luz, talvez uma experiência capaz de dar um novo sentido à sua vida. Às vezes, essa crise adquire um claro matiz religioso. Já ouvi muitos dizerem que não sabem em que acreditar, que nada traz luz à sua vida, que abandonaram a religião ingênua de outros tempos, mas não sabem substituí-la por outra melhor, que estão ficando sem um norte que guie sua vida. É por isso que o teólogo alemão Karl Lehmann disse que "o homem moderno só será um devoto quando tiver uma experiência autêntica de adesão à pessoa de Jesus Cristo".

Se quisermos viver uma experiência autêntica de encontro pessoal com Jesus deveremos nos atrever a sair da inércia e da letargia, recuperar nossa liberdade interior e estar dispostos a *renascer*, deixando para trás a observância rotineira de uma religião convencional. Jesus nos coloca diante da nossa verdade última e se torna, para cada um de nós, um convite à mudança, à conversão permanente, à busca humilde mas apaixonada por um mundo melhor para todos. Mas o que Jesus pode oferecer aos homens e às mulheres de nosso tempo?

Jesus pode nos ajudar, antes de tudo, a nos conhecermos melhor. Sua mensagem nos faz pensar e nos obriga a fazer perguntas mais importantes e decisivas sobre nossa vida. Sua entrega incondicional aos mais necessitados revela nosso egoísmo radical. Sua paixão por levar justiça e solidariedade ao mundo abala nosso bem-estar e nossa negligência para com os famintos. Sua ternura para com os enfermos e sua acolhida amistosa dos pecadores revelam nossa mesquinhez. Sua liberdade para buscar sempre o bem de cada ser humano nos faz reconhecer nossa servidão e covardia.

Ao mesmo tempo em que nos ajuda a nos conhecermos melhor, Jesus nos convida a nos abrirmos com confiança ao Pai de todos. Sentimos nele uma experiência interior de confiança, docilidade e abandono tão profundo e total em Deus, que nos leva a confiar nesse mistério insondável de bondade e misericórdia infinitas. A partir de sua experiência de Deus, Jesus nos cura das imagens doentias da divindade com as quais vivemos sem perceber seus efeitos nocivos. Com base em sua própria experiência, ensina-nos a viver Deus como uma presença próxima e amistosa, fonte inesgotável de vida, compreensão e amor perdoador: um Deus maior e mais íntimo, mais humilde e mais próximo do que todas as nossas teorias.

Dessa forma, Jesus vai gerando um processo transformador em nós. Se não nos aproximarmos dele internamente, não nos sentiremos atraídos por uma doutrina nem por um estilo de vida diferente: mais lúcido e responsável, mais enraizado na verdade, movido por uma esperança inabalável. Essa ação transformadora de Jesus nos libertará de estilos de vida doentios: fanatismos cegos, desvios legalistas, egoísmos e medos alimentados pelo nosso falso *ego*, ao mesmo tempo em que introduzirá em nossa vida algo tão importante como a alegria de viver, a compaixão para com cada ser humano e a criatividade de quem vive amando.

4 O que hoje as pessoas dizem sobre Jesus?

Antes de perguntar a seus discípulos: "Quem sou eu para vós?", Jesus perguntou o que as pessoas diziam sobre Ele. Há alguns anos, perguntei a algumas pessoas conhecidas, nas quais tinha certa confiança, o que pensavam de Jesus. Obtive, naturalmente, respostas muito variadas.

Ouvi respostas maravilhosas de devotos que amam Jesus. Mas também ouvi pessoas que perderam a fé.

No entanto, o que mais me impressionou foram as reações de indiferença e desinteresse de pessoas que eu conhecia como praticantes desde crianças. Abaixo apresento uma pequena amostra das respostas para que nos conscientizemos de como a fé está se perdendo entre nós e para que possamos compreender como pode ser importante nesses momentos nos perguntarmos quem é o Jesus que está inspirando e alimentando nossas comunidades cristãs. Eu perguntei a eles: "Quem é Jesus para você?" Houve várias respostas muito significativas:

> • "Não me interessa. Não me diz nada. Não conto com Ele. Sei que algumas pessoas ainda se interessam por isso, mas eu estou interessado em coisas mais práticas". – Jesus desapareceu do horizonte real dessas pessoas.
>
> • "Não tenho tempo para essas coisas. Enfrentar os problemas diários já é uma carga muito grande para mim. Sou muito ocupado, tenho pouco tempo e ânimo para outras coisas". – Em pessoas assim, não há lugar para Jesus. Não podem imaginar o estímulo e a força que poderiam encontrar nele para enfrentar as dificuldades da vida.
>
> • "É muito exigente para mim. Não quero complicar ainda mais a minha vida. Pensar em Cristo é incômodo para mim. Além do mais, há todas essas questões de não pecar, ir à missa aos domingos. É demais para mim". – Essas pessoas não sabem como é Jesus. Não sabem que Ele poderia trazer uma nova liberdade à sua existência.

• "Eu o sinto muito longe. Para mim, a religião é algo muito teórico e inútil. Trata de coisas que não podemos ter certeza. Além do mais, por que eu me envolveria com isso?" – Essas pessoas precisariam de um caminho que pudesse levá-las a uma adesão viva a Jesus.

4

Recuperar Jesus como Mestre interior

Durante muitos séculos a Igreja se considerou essencialmente uma *autoridade moral*. Era assim que se apresentava ao mundo. Dessa forma, em outros tempos, alcançou grande prestígio e poder, muitas vezes desmedido, sobre as consciências. Hoje, essa autoridade está se desmoronando rapidamente.

Vivemos imersos em uma cultura plural e difusa na qual as grandes tradições culturais, ideológicas ou religiosas têm perdido a autoridade que tinham no passado. Os sistemas de valores que apenas algumas décadas atrás moldavam o comportamento de quase todos são questionados. As pessoas estão deixando de acreditar nas *antigas razões de viver*. Os velhos pontos de referência não nos convencem mais, e os novos ainda não estão consolidados. A atitude em relação ao futuro é de incerteza e inquietação, mas também de busca.

Assim, de forma inesperada, ao mesmo tempo em que a autoridade moral da Igreja se desmorona, parece emergir um cristianismo que começa a despertar para a sua interioridade. Já no final do século passado, em seu clarividente estudo *Previsão da fé – Orientação para a era pós-secularizada*, o teólogo alemão Eugen Biser ousou fazer esta afirmação: "Se os sinais não enganam, o cristianismo como um todo está prestes a se despedir de sua apresentação moral, que no presente domina a sua imagem, para entrar em um futuro místico". Sem dúvida, esse processo será lento, não faltarão tensões e crises no caminho em direção a uma autêntica renovação interior da fé cristã. A Igreja se verá na necessidade de discernir e esclarecer suas relações com a espiritualidade mística, visto que, aparentemente, em não poucos cristãos, começa a despertar o desejo de encontrar algum acesso ao mistério de Deus a partir do silêncio e da experiência interior.

Ao longo dos séculos, a dimensão mística de Jesus foi sendo esquecida; isto é, a experiência de Deus vivida por Ele. Ignorou-se excessivamente que sua mensagem de total confiança em um Deus Pai e sua paixão por abrir caminhos ao seu projeto humanizador do *Reino de Deus* nascem e se alimentam de sua experiência interior de Deus. Será que não chegou o momento de seguirmos Jesus não só por caminhos traçados por preocupações moralistas, mas também, aprendendo da sua relação com Deus, a vivermos nossa experiência do mistério de Deus?

1 Diante da crise do magistério da Igreja

Há um fato que deve preocupar a todos nós, cristãos. Importantes setores de fiéis hoje orientam suas vidas sem levar em conta as diretrizes do magistério eclesial. Para onde esse fenômeno crescente pode nos levar? Será que não chegou o momento de recuperar o *magistério interior* de Jesus, tão esquecido entre nós? No futuro, de pouco servirá insistir no *magistério hierárquico* se os devotos – hierarquia e fiéis – não ouvirem a voz de Cristo, Mestre interior, que encoraja, chama, desafia, guia e consola aqueles que o seguem com a força de seu Espírito.

Normalmente, quando se fala do magistério da Igreja, só se pensa no magistério próprio da hierarquia, aquele que tem autoridade para expor, interpretar e vigiar o *depósito da fé*, quase sempre ignorando o magistério interior do Cristo ressuscitado em seus seguidores. Antes de tudo, devemos lembrar que a fé viva não se encontra nas fórmulas escritas dos *credos* ou nos livros que reúnem a doutrina dos concílios, mas nos corações dos devotos; encorajada, iluminada e alimentada pelo Espírito de Cristo que habita em nós. O magistério eclesial tem uma função reguladora inalienável, mas nunca devemos esquecer de que o determinante é a ação de Deus, que age em nós por meio do Espírito de Jesus, o Ressuscitado.

Atualmente, a fé cristã também precisa de orientação responsável da hierarquia, mas os seguidores de Jesus – homens e mulheres – não precisamos ser convidados e ajudados a ouvir Jesus como um Mestre interior nos dias de hoje? Um cristianismo esquecido de Jesus e guiado apenas *de fora* não continuará a levar os fiéis à passividade e ao infantilismo, com cada vez menos possibilidades de renovação interior?

2 Recuperar Jesus como um Mestre interior

Para muitos cristãos de nossos dias, a ressurreição de Jesus foi reduzida a um evento passado. Algo que aconteceu ao Jesus morto há mais de dois mil anos. Um acontecimento distante e inacessível, de importância decisiva para a fé em Jesus Cristo, mas que não sabemos viver hoje pela nossa própria experiência. Condicionados por uma cultura que valoriza principalmente *fenômenos observáveis*, para nós, é difícil nos sintonizarmos com algo que não podemos reduzir a dados controláveis. É por isso que vemos a ressurreição de Jesus *de fora*. Falamos do túmulo vazio, das aparições ou do testemunho dos discípulos, mas não conseguimos viver a experiência de encontrá-lo dentro de nós.

Porém, para Paulo de Tarso, o encontro com o Ressuscitado é, antes de tudo, uma experiência interior que o faz dizer algo admirável: "Já não vivo, é Cristo que vive em mim" (Gl 2,20). Essa experiência não é privilégio pessoal de Paulo. É algo que outros devotos também podem experimentar. Ele pede aos coríntios que se examinem e concluam se vivem guiados por essa fé: "Examinai a vós mesmos, se permaneceis na fé, provai a vós mesmos. Ou não sabeis que Jesus Cristo está em vós?" (2Cor 13,5).

Essa experiência de Cristo ressuscitado, que habita nas profundezas do nosso ser, é o que nos permite nos abrir a Ele como Mestre interior. No Evangelho de Mateus, Jesus pede a seus discípulos e ao povo que resistam à tentação de transformar seu movimento em um grupo liderado por mestres sábios ou pais autoritários: "Vós, porém, não queirais ser chamados Mestre, porque um só é o vosso Mestre; a saber, o Cristo, e todos vós sois irmãos. E a ninguém na terra chameis de pai, porque um só é o vosso Pai, o qual está nos céus" (Mt 23,8-9). Não devemos esquecer: Jesus deve ser sempre nosso Mestre. Também hoje.

De acordo com Paulo, aquele Mestre interior que é Cristo não nos transmite propriamente a doutrina. Ele nos ensina, antes de tudo, a viver invocando e acolhendo o mistério do Pai com absoluta confiança: "Deus enviou aos vossos corações o Espírito de seu Filho, que clama: *Abb*á, Pai!" (Gl 4,6). Por outro lado, o Evangelho de João, confirmando a fé de Paulo, diz-nos que, em sua oração de despedida, Jesus pede ao Pai: "E eu lhes fiz conhecer o teu nome, e lho farei conhecer mais, para que o amor com que me tens amado esteja neles, e eu também neles esteja" (Jo 17,26).

A partir dessa experiência dos primeiros fiéis, foi Santo Agostinho de Hipona quem reivindicou a importância de Jesus como Mestre interior e a introduziu com força na teologia: "Temos apenas um Mestre, e sob Ele todos somos codiscípulos. Não nos tornamos mestres pelo simples fato de falar com vós do púlpito. O verdadeiro Mestre fala de dentro". Agostinho insiste em que a transmissão da verdade chega a nós daquele "que se diz que habita no homem interior: Cristo, força e sabedoria imutáveis de Deus". As palavras pronunciadas pelos pregadores servem apenas como guia e convite para que cada devoto ouça a voz de Cristo dentro de si. Isso é decisivo. Somente quando *aprendemos* com o próprio Jesus *algo novo* ocorre em nossa vida de fé.

Isso traz consigo pelo menos duas exigências. Em primeiro lugar, para os que falam com autoridade dentro da Igreja. Não são donos da fé ou da moralidade cristã. Sua missão não é acusar ou condenar as pessoas. Não são mestres de ninguém. São discípulos que devem viver *aprendendo* com Cristo. Só então poderão guiar e ajudar outros a *se deixarem ensinar* por Ele. Assim, Santo Agostinho interpela os pregadores: "Por que gostam tanto de falar e tão pouco de ouvir? Quem realmente ensina está dentro; por outro lado, quando você tenta ensinar, sai de si mesmo e caminha por fora. Primeiro, ouça aquele que fala de dentro e, então, de dentro, fale para quem está de fora.

Por outro lado, todos nós devemos lembrar que o importante, ao ouvir a palavra do magistério, é se sentir convidado a se voltar para dentro de si, e assim ouvir a voz do único Mestre. O próprio Santo Agostinho nos lembra disso: "Não ande por fora. Não se disperse. Adentre-se na sua intimidade. A verdade reside no homem interior". É por isso que ele exorta os fiéis desta maneira: "Deveríamos conhecer essa voz, a do Mestre interior; conhecê-la bem, percebê-la da forma mais íntima para nos apropriarmos dela".

A herança de Santo Agostinho foi compilada pelo grande teólogo e contemplativo alemão Nicolau de Cusa (século XV). Esta é a experiência que vive e que quer transmitir a todos: "Enquanto eu permaneço em meditação silenciosa, Tu, Senhor, falas ao meu coração". Em seu estudo sobre a inspiração do Mestre interior, ele faz esta promessa admirável: "Para quem se aproxima de Jesus, tudo o mais recua [...], porque, pelo Espírito de Cristo, que nele habita, ele se transforma em Jesus, meta de todo anseio espiritual". Estou convencido de que, precisamente nestes tempos tão turbulentos, recuperar Jesus como Mestre interior nas nossas comunidades e paróquias pode levar os cristãos de hoje à renovação interior de sua fé.

3 Jesus, princípio de renovação interior de nossa fé

O que em grande medida nos impede de promover a renovação interior da nossa fé hoje é que, ao longo do desenvolvimento histórico do cristianismo, Jesus esteve encerrado em uma espécie de relicário de fórmulas, doutrinas e teologias que nos impedem de ter um contato vivo com Ele como Mestre interior.

Um dos autores que mais bem intuiu esta necessidade de libertar Cristo de tudo o que nos impede de encontrá-lo foi Romano Guardini. Em uma passagem-chave em sua obra *A essência do cristianismo*, ele diz: "Não existe nenhuma definição abstrata da essência do cristianismo. Não existem doutrina, nem guia de valores éticos, nem atitude religiosa ou modo de vida que, separados da pessoa de Cristo, possam ser considerados cristãos. O cristão é ele mesmo; o que por meio dele chega ao homem e a relação que por meio dele pode ter com Deus". É verdade. Se entrarmos em contato íntimo com Cristo, nossa experiência interior de Deus se enriquecerá e nossa vida se transformará.

O Papa Francisco percebeu com clarividência a pobreza da fé quando não há um encontro pessoal com Cristo, e se esforça para nos levar de volta a Ele, porque Cristo "sempre pode, com sua verdade, renovar nossa vida e nossa comunidade". E, com uma linguagem que todos nós podemos entender, continua: "Jesus Cristo também pode romper os esquemas monótonos em que tentamos encerrá-lo e nos surpreender com sua criatividade divina" *(Evangelii Gaudium* 11).

No fiel que busca viver ouvindo Jesus como um Mestre interior, facilmente desperta uma relação de amizade e confiança nele. Essa relação de amizade com Jesus muitas vezes é esquecida, apesar de o Evangelho de João falar claramente. Jesus diz aos seus discípulos no discurso de despedida: "Já não vos chamarei servos, porque o servo não sabe o que faz o seu senhor; mas chamo-vos amigos, porque tudo quanto ouvi de meu Pai vos tenho feito conhecer" (Jo 15,15). A figura de Jesus como Mestre interior nos convida a viver em contato íntimo com Ele. A figura de Jesus como *Amigo* nos atrai a crescer em uma relação cada vez mais íntima e de confiança com aquele Mestre interior.

5
Tornarmo-nos
discípulos de Jesus

Todo cristão é chamado a se tornar um discípulo de Jesus. De fato, os primeiros a encontrá-lo e segui-lo foram chamados de *discípulos*; isto é, homens e mulheres dispostos a aprender com seu Mestre. Os relatos evangélicos não se cansam de apresentar Jesus como alguém que ensina seus seguidores a viverem de uma maneira nova e revolucionária.

1 A tarefa mais decisiva

No entanto, hoje, para a maioria dos cristãos, Jesus não é, de forma alguma, uma inspiração para suas vidas. Não conseguem ver que relação pode existir entre Jesus e o que vivem em seu dia a dia. Jesus se tornou uma personagem que acham que conhecem; embora, na realidade, continue sendo o *grande desconhecido*. Um Jesus distante que não sabem onde nem como encontrar.

No entanto, esse Jesus, se for mais bem-conhecido e fielmente seguido, pode transformar nossa vida. Não como um Mestre distante que deixou um legado de admirável sabedoria à humanidade, mas como alguém vivo que, do fundo do nosso ser, pode ser o nosso Mestre de vida.

Por isso, a primeira coisa que devemos fazer é tomar consciência de que a tarefa decisiva dos cristãos é aprofundar sua relação pessoal com Jesus no silêncio e na escuta interiores, para começar a descobrir, por experiência própria, que nesse encontro Ele nos ensinará seu sentido de vida, a orientação de seu compromisso e a razão última de sua esperança.

A crise atual do cristianismo está abalando seus alicerces como nenhuma outra no passado. A Igreja não poderá cumprir sua missão no mundo de hoje se nós, cristãos, não nos tornarmos discípulos. Como já dissemos, Marcel Légaut considerava que essa conversão significa para a Igreja de hoje "um segundo nascimento, digno do primeiro" e que, para os cristãos, consiste em "tornar-se discípulos", tal como fizeram os primeiros que seguiram Jesus. Tornar-se discípulo de Jesus não é uma busca ideológica, mas um caminho interior. Não consiste em buscar uma doutrina, mas uma experiência mística. Não consiste em conhecê-lo de fora, mas em ouvi-lo nas profundezas pessoais.

Como despertar em nós o desejo de nos tornarmos discípulos de Jesus? A primeira coisa é, sem dúvida, reconhecer que temos algo a aprender e que ainda não sabemos: Qual é o significado último da minha existência? Quem sou eu realmente? Já conheço a mim mesmo? O que é acertar na vida? A segunda coisa é de alguma forma intuir que, com Jesus, podemos aprender algo que ainda não sabemos, mas que precisamos cada vez mais para enfrentar o dia a dia. Além disso, para nos tornarmos discípulos de Jesus, devemos abandonar a nós mesmos e nosso pequeno mundo para dar passos em direção a um encontro interior com Ele.

Se fizermos isso, encontraremos uma nova experiência; começaremos a escutar com Ele o mistério da nossa existência. Descobriremos que podemos estabelecer um relacionamento único com Jesus, diferente de outros. Um relacionamento que começa a mudar nossa forma de entender toda a nossa vida.

Descobriremos que, para Ele, Deus não é um conceito, mas uma experiência amistosa e próxima que o faz viver e amar a vida de forma diferente. Sentiremos que Jesus vive Deus como o melhor amigo do ser humano. Para Ele, Deus não é um estranho que de longe controla o mundo e pressiona nossas pobres vidas; Ele é o amigo que, de dentro, compartilha nossa existência e se torna a luz mais clara e a força mais segura para que enfrentemos a dureza da vida e o mistério da morte.

E nos surpreenderemos ao descobrir que, segundo Jesus, o que mais interessa a Deus não é a religião, mas um mundo mais humano e amoroso. O que Ele sempre busca é uma vida mais digna, sã e feliz para todos, começando pelos mais vulneráveis. Jesus disse isso de muitas maneiras: uma religião que vai contra a vida ou é falsa ou foi malcompreendida. O que Deus quer é nos ver felizes, de agora em diante e para sempre. Esta é a boa-nova de Deus que Jesus, nosso Mestre interior, ensina a todos nós: Deus é um mistério insondável de amor, libertação e salvação.

2 Adentrarmo-nos na existência de Jesus

O Evangelho de João compila um episódio que pode nos guiar de forma simples no caminho que devemos seguir para nos tornarmos discípulos de Jesus. O Batista é acompanhado por dois de seus discípulos. Sem dúvida, ouviram sua pregação e receberam seu batismo nas águas do Rio Jordão. Um dia, o Batista vê que Jesus "está passando por aquele lugar" e imediatamente comunica a seus discípulos: "Este é o Cordeiro de Deus que tira o pecado do mundo". Certamente os discípulos não conseguem entender muito.

Jesus continua sendo um estranho para eles, mas, quando ouvem o Batista, algo desperta dentro deles. Abandonam aquele que até agora havia sido seu mestre e começam a seguir Jesus. Ainda não sabem aonde esse estranho pode levá-los, mas já seguem seus passos. Durante algum tempo, caminham em silêncio. Ainda não houve um contato real com Jesus. É justamente Ele quem quebra o silêncio e faz uma pergunta não muito fácil de responder: "O que buscais?" Por que seguis justamente a mim?" Algumas coisas devem ser esclarecidas desde o início: O que buscamos ao orientar nossas vidas na direção de Jesus?

Os dois discípulos respondem com outra pergunta: "Mestre, onde viveis?" Ainda não o conhecem, mas o chamam de *Mestre*. Parecem dispostos a aprender com

Ele. Suas perguntas são profundas: "Onde viveis? Qual é o segredo de vossa vida?" Intuem que Jesus pode lhes ensinar algo que ainda não sabem. Não procuram novas doutrinas em Jesus. Querem que lhes mostre onde vive, como vive, para que vive. Querem aprender uma maneira diferente de viver. Desejam que Jesus lhes ensine a viver como Ele.

E Jesus responde diretamente: "Vinde e vereis. Fazei vós mesmos a experiência. Não busqueis informações em outros. Vinde a viver comigo e vos mostrarei como vivo, de onde oriento minha vida, o que faço e o que me faz viver". Somente ao conviver com Jesus aprenderemos a viver como Ele. Esse é o passo que devemos dar. Isso é nos tornarmos discípulos de Jesus e tê-lo como um Mestre interior.

A primeira coisa é *buscar*. Quando uma pessoa não busca nada e se conforma em *ir levando*, sempre repetindo as mesmas coisas de forma rotineira e medíocre, é difícil que encontre algo grande na vida. E, certamente, com uma atitude de indiferença, apatia ou ceticismo, não é possível se tornar um discípulo de Jesus.

O mais importante não é buscar algo, mas *buscar Jesus*. O determinante não é saber mais sobre Jesus, mas encontrar sua pessoa viva, viver em sua existência. É o contato interno com Ele que nos atrairá a nos tornarmos seus discípulos. Precisamos sentir que Jesus reaviva nosso espírito, que introduz uma alegria diferente em nossa vida, que nos infunde uma força desconhecida para viver com responsabilidade e esperança. Aos poucos, vamos tomando consciência do quão pouco acreditávamos nele e do quão mal havíamos entendido muitas coisas até agora.

Mas, sem dúvida, o determinante é *aprender a viver como Jesus*. Aprender com a experiência de Deus a acreditar em um bom Pai em quem podemos sempre confiar. Aprender com Jesus a ser misericordioso como o Pai para introduzir sua misericórdia no mundo. Aprender com Jesus a abrir caminhos para o projeto humanizador do Pai, que quer ver seus filhos vivendo de maneira digna, fraterna e solidária. Aprender com Jesus a nos identificarmos com a causa dos esquecidos, os mais pobres e mais necessitados. Aprender com Jesus a acolher e ouvir a todos sem excluir ninguém. Aprender a orar como Ele em silêncio e em segredo do fundo do nosso coração. Espalhar esperança como Ele fazia.

3 A atração por uma nova vida

Se nos abrirmos com certa profundidade a Jesus, nosso Mestre interior, e perseverarmos na escuta silenciosa de sua voz, aos poucos, vamos nos sentir atraídos por uma nova vida, a vida que nele vamos descobrir: uma vida simples e humilde, aberta ao mistério de Deus, dedicada a fazer o bem a todos, sem excluir ninguém. Poderíamos dizer que o desejo de um *novo nascimento* se desperta em nós. Essa transformação vai ocorrer cada vez mais dentro de nós, estimulada pela ação do Espírito de Jesus.

Não devemos esquecer de que vamos ao encontro de Jesus com nossa mediocridade e nossas limitações, com nossos erros e defeitos, com o peso do nosso passado, mas também com o desejo de um novo futuro. Por isso, devemos caminhar com o coração humilde, sem nos apoiar nas nossas forças, com grande fé em Jesus e absoluta confiança em Deus. Nessa nova experiência de nos deixarmos guiar interiormente por Cristo ressuscitado, não faltarão momentos de crise, desânimo, infidelidade, desesperança...

Mas, se nos mantivermos em contato interior com Ele, sua presença em nós começará a nos fazer ver tudo a partir de um novo prisma. Ele nos iluminará para responder de maneira evangélica em diferentes situações e em diferentes acontecimentos. Em certos momentos, nós nos sentiremos mais sintonizados com Ele. Em outros, claramente reconheceremos que nos desviamos. Mais de uma vez, sua presença interior despertará em nós uma breve oração que nos dará novas forças e também nos unificará na dispersão ou despertará a nossa criatividade. Talvez haja momentos em que, sem tê-lo buscado ou preparado, a presença de nosso Mestre interior será mais intensa e deixará uma marca mais profunda em nós.

Se perseverarmos, aos poucos experimentaremos que Jesus, nosso Mestre interior, se tornará o centro da nossa vida, o fundamento da nossa existência e a razão da nossa esperança última.

4 Jesus, Mestre interior, caminho em direção ao mistério de Deus

Nunca devemos esquecer o que é mais decisivo. Viver em contato interior com Jesus como Mestre interior nos orienta em direção ao mistério de Deus: torná-lo mais próximo e acessível. Guiados por Jesus, nosso relacionamento com Deus vai mudando. Não se fundamenta mais na confissão de uma crença. A proximidade com o mistério de Deus que Jesus vive, sua confiança total em um Deus que invoca como *Abbá,* sua relação íntima com Ele fazem crescer em nós a disponibilidade para acolher seu mistério. E nos sentiremos cada vez mais atraídos por esse Deus Pai-Mãe.

Devemos sempre lembrar que, qualquer que seja o nome pelo qual Ele é designado, Deus continua sendo um mistério insondável para todos nós. Podem chamá-lo de Deus, Ser, Energia, Vida, Criador... Podemos dizer que é o Centro em torno do qual tudo gira, a Origem de tudo o que vive, o Ser além do espaço e do tempo. A verdade é que não pode ser limitado a nenhum nome. O mistério último da realidade, que alguns chamam de Deus, está além de todas as nossas palavras, dogmas, fórmulas ou explicações.

Para os cristãos, Deus também é um mistério, mas, quando vivemos em contato íntimo com Jesus, desperta em nós a consciência da nossa finitude e reascende o desejo de união com esse mistério insondável em que a partir de agora "vivemos, nos movemos e existimos" (At 17,28). Ao experimentar sua presença amistosa em nós, sentimo-nos atraídos a ser suas testemunhas com uma vida mais digna e mais humana.

Ao mesmo tempo, se nos concentrarmos em Deus, nosso falso ego diminuirá: o zelo que temos conosco e com nosso prestígio, que nos encerra no pequeno mundo de nossos interesses. Essa transformação nos levará a buscar o bem dos outros. Os últimos do nosso planeta; isto é, os famintos, os que sofrem abandonados por todos, os refugiados que fogem das guerras, os que não têm casa vão se tornar cada vez mais importantes para nós. O esquecimento de nós mesmos crescerá dentro de nós e, ao mesmo tempo, nosso amor prestativo pelos outros.

Nesse caminho de transformação "não há fim a ser alcançado, o caminho em si é o fim" (K.G. Durkheim). Ao permanecer nesse caminho, guiados por Jesus como nosso Mestre interior, encontramo-nos no movimento que leva à plenitude da vida no mistério insondável de Deus.

6
Reavivar a espiritualidade revolucionária de Jesus

Nestes tempos difíceis mas emocionantes, nestes tempos de crise mas também de busca, Jesus pode ser fonte e caminho de uma espiritualidade sã, criativa, libertadora e geradora de esperança. Por *espiritualidade de Jesus*, entendo o estilo concreto de vida de Jesus, que se alimenta da experiência interior de Deus, reconhece-se pelas suas escolhas e pela sua prática e leva aqueles que o seguem a ter uma vida mais digna e mais aberta à esperança, confiando no mistério do Amor de Deus. Achei conveniente salientar as principais características dessa espiritualidade para que os leitores possam ter uma visão geral do que vamos aprofundar ao fazer nossa leitura orante do Evangelho.

1 Espiritualidade encorajada em nós pelo Espírito de Jesus

Viver a espiritualidade de Jesus não é apenas um caminho que nós, cristãos, tentamos continuar percorrendo hoje seguindo seu estilo de vida, que conhecemos por meio dos evangelhos. É uma espiritualidade encorajada internamente pelo próprio Espírito de Jesus.

O Evangelho de João descreve uma cena de grande significado para as primeiras comunidades. Foi escrita para lembrar a todos o passo que devem dar os discípulos que, até a morte de seu Mestre, viveram por sua presença física e que de agora em diante deverão viver da presença interior de seu Espírito. É o início do movimento espiritual de Jesus.

João descreve com três características o estado em que os discípulos se encontram, incapazes de superar o vazio de Jesus que ninguém pode preencher. Está *anoitecendo* em Jerusalém e, em seus corações, falta a luz com a qual Jesus iluminou suas vidas. Estão *de portas fechadas*, sem horizonte; ninguém pensa em sair para abrir caminhos para o projeto humanizador do Reino de Deus e da sua justiça. Estão *cheios de medo dos judeus*, não conseguem anunciar boa-nova alguma a ninguém.

A presença de Jesus ressuscitado muda tudo. Está com eles novamente, cheio de vida. Duas vezes, diz a eles: "Paz para vós", e os discípulos se enchem de alegria ao ver Jesus. Depois de saudá-los, diz as seguintes palavras: "Assim como o Pai me enviou, também eu vos envio". Não diz especificamente a quem devem ir, o que comunicar ou como agir. Sua tarefa deve ser a mesma que Jesus recebeu do Pai. Nenhuma outra. Terão que se lembrar do que viveram com Ele: de quem se aproximou, de como tratou os mais necessitados, de como conduziu o projeto humanizador do Reino de Deus, de como percorreu as aldeias aliviando o sofrimento dos enfermos e oferecendo o perdão gratuito de Deus aos pecadores.

Em seguida, Jesus tem um gesto muito especial com eles. Nunca havia feito nada parecido quando caminhava com eles pelos caminhos da Galileia. Não impõe as mãos sobre eles, como fazia com os enfermos; não os abraça, como fazia com os mais necessitados. O que eles precisam é de seu próprio espírito, de seu encorajamento. Jesus se aproximou deles e disse: "Recebei o Espírito Santo". O sopro de Jesus não é um sopro forte; a palavra usada no texto evoca o sopro suave de uma pessoa que comunica à outra sua intimidade e sua força interior. O próprio Jesus diz a eles: "Recebei o Espírito Santo"; isto é, tomem-no, recebam-no dentro de vocês. A renovação interior do nosso cristianismo só será possível se nós, seguidores de Jesus, aprendermos a viver acolhendo seu Espírito.

2 Espiritualidade vivida como uma relação pessoal com Deus

Jesus vive sua experiência de Deus se dirigindo a Ele como *você*. Para os cristãos, o silêncio diante de Deus, a consciência de sua presença em nós e a abertura para seu mistério insondável são muito importantes, mas sempre o fazem a partir de uma experiência inconfundível: "Tu estás em mim". Quando nos dirigimos a Deus como *Alguém*, temos que saber que isso não significa que Deus seja uma pessoa como nós. A linguagem que usamos sobre Deus não explica nem descreve nada de seu mistério. Mas, para nós, seguidores de Jesus, dirigirmo-nos a Deus como *você* nos permite expressar e viver nossa relação com Ele como um encontro pessoal.

Ao seguir Jesus, os cristãos não experimentam uma abertura ao mistério de Deus como uma imersão no oceano da divindade, como uma extinção na transcendência absoluta (budismo *theravada*), nem como uma fusão das profundezas do nosso ser com o Brahman ou Absoluto (hinduísmo bramânico). Juan Martín Velasco, após longos anos de pesquisa sobre as várias religiões, diz o seguinte: "Estou completamente convencido de que o encontro interpessoal constitui a realidade humana e mundana menos inadequada para simbolizar a relação mais original com Deus".

Essa relação pessoal com Deus torna possível a oração como experiência privilegiada para alimentar e encorajar a fé de Deus em nós. Sob suas diferentes formas de invocação, louvor, ação de graças, acolhida do perdão, faz com que a relação com Deus de muitas pessoas não atrofie.

Pensemos, antes de tudo, numa oração simples de milhões e milhões de fiéis de todas as religiões e de todos os tempos que nunca ouviram falar do silêncio interior nem da presença de Deus em seu coração. Uma oração trivial, expressa em fórmulas repetidas mil vezes. Oração sem grande profundidade de concentração. Oração que nasce na dor, na insônia, na sala de cirurgia ou no momento de agonia. Oração monótona, sem exaltação, sem nada sublime. A oração das crianças e dos pobres, a oração dos que conhecem pouco e mal de si próprios.

Certamente, essa oração não será a ideal, e devemos nos esforçar para purificá-la para que o relacionamento com Deus não seja banalizado. Mas é a oração da maioria das pessoas em todas as religiões do mundo. Nela, escondem-se uma confiança vacilante e um clamor ao Deus salvador. Se desaparecesse, a vida de muitas pessoas seria mais pobre e difícil. A relação com Deus não pode ser privilégio de espíritos seletos que gozam de bem-estar, têm capacidade, tempo e meios para aprofundar sua relação interior com Deus, porque não estão atormentados pela fome, pelo desemprego ou pela necessidade. Não esqueçamos que Jesus agradeceu ao Pai porque "escondeste estas coisas dos sábios e inteligentes e as revelaste aos mais simples" (Lc 10,21).

3 Espiritualidade marcada pela confiança absoluta em Deus

Jesus surpreendeu seus contemporâneos ao invocar a Deus em sua língua materna como *Abbá*. Termo usado especialmente por crianças pequenas para se dirigir ao pai com confiança, algo inimaginável na linguagem solene do Templo ou entre os mestres da Lei. Essa invocação de Jesus não é uma expressão ingênua, própria de uma religiosidade primitiva e subdesenvolvida. Sua experiência de Deus como *Abbá* é o que explica sua confiança absoluta, sua liberdade radical, sua ousadia para tomar decisões arriscadas, sua insistência em inspirar confiança em seus discípulos criticando sua pequena e medíocre fé. Como diz Albert Nolan, "sem sua experiência de Deus como *Abbá*, é impossível entender por que e como Ele fez as coisas que fez".

Farei três observações sobre este termo *Abbá* que Jesus usa. O termo *Abbá* não diz nada sobre a *masculinidade* de Deus nem deve servir para promover o poder dominante do homem sobre a mulher. Devemos saber que Jesus invoca Deus como Pai, mas, quando fala de sua misericórdia, diz que é *entranhável* (em hebraico, *rahum)*: tem *entranhas* de mulher (em hebraico, *rahamim)*. Isto é, Jesus invoca a Deus como *Pai*, mas o experimenta agindo entre nós com *entranhas de mãe*. Por isso, talvez tenha chegado a hora de introduzir a linguagem de Deus Pai-Mãe.

Por outro lado, o termo *Abbá* não aponta para um Deus Pai que devemos "matar" para nos tornarmos adultos, seguindo a máxima de Sigmund Freud. A atuação de Jesus ao confrontar os líderes do Templo e os representantes de Roma não é nada infantil. Pelo contrário, é precisamente o Pai que lhe dá força para viver trabalhando por um mundo mais digno e humano.

Mas, além disso, essa confiança em Deus *Abbá* não é uma experiência exclusiva que Jesus reserva para si mesmo. Ele convida seus seguidores a também invocarem a Deus dessa forma. Todos nós temos que viver movidos pela confiança total em Deus *Abbá*. Isso nos leva a viver como irmãos. O mistério de Deus vivido como Pai nos impele à solidariedade fraterna e universal. A convivência humana não se baseia simplesmente no pertencimento à mesma espécie. Tampouco se trata apenas de um objetivo a ser alcançado pelo equilíbrio de forças ou pelos pactos entre os poderosos. Para nós, que vivemos da espiritualidade de Jesus, é uma exigência profunda que vem do mistério de Deus vivido como Pai-Mãe de todos.

Podemos especificar mais. Viver da fé em Deus Pai de todos significa fundamentar a convivência humana em uma luta permanente por liberdade, igualdade e fraternidade. Esse ideal, quase sepultado em nossos dias e que foi o grito da Revolução Francesa contra a Igreja, que o tinha esquecido, é considerado por alguns a melhor síntese do compromisso que brota da espiritualidade de Jesus, estimulada pela experiência de um Deus Pai-Mãe de todos os seres humanos. José Ignacio González Faus expressou isso claramente: "O significado cristão do grito da Revolução era: dignidade de filhos de Deus, da qual brota a liberdade como conteúdo. Essa liberdade dos filhos exige fraternidade para com todos os filhos do mesmo Pai. E a fraternidade exige igualdade, sem a qual se desnaturaliza. Liberdade para a fraternidade e a igualdade é a consequência inevitável de toda fé ou afirmação do Deus cristão".

No entanto, na cultura niilista de nossos dias, em vez de caminharmos em direção a uma convivência própria de filhos de um mesmo Pai-Mãe, livres, iguais e irmãos, corremos o risco de seguir dando passos em direção a um futuro de homens e mulheres escravos de um bem-estar desumanizador, de indivíduos privados de consciência comunitária e fraterna, que pretendem construir uma falsa "aldeia global", provocando desigualdades cada vez mais cruéis na família humana. A história humana se empobreceria ainda mais se a confiança em um Deus Pai-Mãe de todos se perdesse no mundo.

4 Espiritualidade centrada na misericórdia de Deus como princípio de ação

Jesus viveu em uma sociedade profundamente religiosa. A espiritualidade de todos os grupos partia de uma exigência radical que foi formulada no antigo Livro de Levítico: "Sede santos, porque eu, o Senhor, sou santo". O povo deve ser santo, assim como Deus que habita no Templo: um Deus que ama o seu povo escolhido e rejeita os pagãos, abençoa os que observam a Lei e amaldiçoa os pecadores, acolhe os puros, mas separa os impuros. A santidade era considerada a qualidade essencial de Deus, o princípio que orientava a conduta do povo.

Paradoxalmente, essa imitação da santidade de Deus, entendida como rejeição do pagão, do profano, do impuro e do contaminante, que se destinava a defender a identidade do povo escolhido, foi gerando uma sociedade discriminadora e excludente. Entre o povo escolhido, os sacerdotes gozavam de um grau de pureza superior ao do resto do povo, pois estavam a serviço do Templo, onde habita o Deus santo. Os cumpridores da Lei desfrutavam das bênçãos de Deus, enquanto os pecadores eram discriminados. Os homens gozavam de um nível de pureza superior ao das mulheres, sempre suspeitas de impureza devido à menstruação e ao parto. Os sãos gozavam da predileção de Deus, enquanto os leprosos, os cegos, os aleijados, considerados *punidos* por algum pecado, eram excluídos e não tinham acesso ao Templo. Essa religião gerava barreiras e discriminação. Não promovia acolhimento mútuo, comunhão e fraternidade.

Jesus percebeu isso imediatamente e, com lucidez e ousadia surpreendentes, introduziu para sempre na história humana um novo princípio que transforma tudo: "Sede misericordiosos, como também vosso Pai é misericordioso" (Lc 6,36). É a misericórdia, e não a santidade, o princípio que deve inspirar a conduta humana. Deus é grande e santo não porque rejeita pagãos, pecadores e pessoas impuras, mas porque ama a todos sem excluir ninguém de sua misericórdia. Deus não é propriedade dos bons. Seu amor misericordioso está aberto a todos. "Ele faz raiar seu sol sobre bons e maus" (Mt 5,45). Em seu coração há um projeto integrador. Deus não exclui, não separa nem excomunga; pelo contrário, acolhe e abraça. Não abençoa a discriminação. Busca um mundo acolhedor e solidário, onde os santos não condenem os pecadores, os ricos não explorem os pobres, os poderosos não abusem dos fracos, os homens não dominem as mulheres.

Temos que dizer mais uma coisa. Movido pela misericórdia do Pai, o primeiro olhar de Jesus não se dirige ao pecado dos outros, mas ao seu sofrimento. A razão pela qual Jesus vive Deus e se esforça para abrir caminhos para o seu reino de justiça não é o pecado, mas o sofrimento. O contraste com o Batista é esclarecedor. A atuação profética do Batista foi pensada e organizada em função do pecado. Sua preocupação suprema era denunciar os pecados do povo, chamar os pecadores à penitência e purificar, por meio do batismo, aqueles que iam ao Rio Jordão. O Batista não parece ver o sofrimento, não se aproxima dos enfermos nem os cura. Não parece conhecer a exclusão e a marginalização em que muitos vivem, não purifica os leprosos, não liberta os possuídos, não acolhe as prostitutas. O Batista não abraça as crianças de rua, não come com os pecadores, não os recebe à sua mesa. O Batista não tem gestos de bondade. Sua atuação é estritamente religiosa.

Pelo contrário, a primeira preocupação de Jesus é o sofrimento e a marginalização sofridos pelos enfermos e desnutridos da Galileia, a defesa dos camponeses explorados pelos poderosos donos de terras. Os evangelhos não apresentam Jesus caminhando pela Galileia em busca de pecadores para absolvê-los de seus pecados e convertê-los. Em vez disso, apresentam-no se aproximando dos enfermos para aliviar seu sofrimento, acariciando a pele dos leprosos para libertá-los da exclusão. Em outras palavras, na ação de Jesus é mais determinante suprimir o sofrimento e humanizar a vida do que denunciar os pecados e chamar os pecadores à penitência. Isso não significa que não se preocupe com o pecado, mas, para o Profeta, o maior pecado contra o projeto humanizador do Reino de Deus consiste em introduzir na vida sofrimento injusto ou tolerá-lo com indiferença, ignorando as pessoas que sofrem.

Nos dias de hoje, devemos resgatar essa característica da espiritualidade de Jesus, que, movido pela misericórdia do Pai, faz do sofrimento de seus filhos sua primeira preocupação; pois, como o teólogo alemão Johann Baptist Metz denunciou repetidamente, "a doutrina cristã da salvação dramatizou demais o problema do pecado, ao mesmo tempo em que relativizou o problema do sofrimento". Para muitos, essa é a grande herança de Jesus para a humanidade e, sem dúvida, um dos segredos mais importantes do Evangelho para construir também um mundo mais digno, mais justo e mais fraterno.

5 Espiritualidade voltada à cura do ser humano

Movido pela experiência interior de um Deus *Abbá*, que é um Mistério de bondade e misericórdia, Jesus dedica sua vida aos que mais sofrem, aos maltratados pela vida, aos esquecidos pela sociedade, aos que vivem oprimidos pelo mal e excluídos de uma vida saudável. É a boa-nova: Jesus proclama a proximidade do Pai-Mãe para curar e aliviar o sofrimento. Anuncia a salvação de Deus promovendo saúde no mundo.

Os enfermos que Jesus encontra no caminho são, sem dúvida, o setor mais indefeso e marginalizado dessa sociedade. Abandonados à sua própria sorte, incapazes de ganhar seu sustento, muitos levam uma vida de mendicância que beira a miséria e a fome. Não percebem sua desgraça como um problema médico, mas como uma exclusão injusta da vida; não podem viver como os outros. São cegos que não podem enxergar a vida ao seu redor;

surdos e mudos que não podem se mover, trabalhar ou fazer uma peregrinação a Jerusalém; doentes com pele repugnante que são expulsos de suas casas e aldeias; desenganados que perderam o poder sobre suas vidas. A maior tragédia desses enfermos é se sentirem esquecidos por Deus: seu Espírito criador de vida os abandonou, provavelmente por causa de algum pecado grave. Essa é a crença popular de todos. Justamente por isso são marginalizados e excluídos em maior ou menor grau da convivência social e religiosa. A exclusão do Templo só confirma o que experimentam na sua desgraça: Deus não os ama, não podem confiar nele. Jesus vai transformar radicalmente sua existência.

Para compreender plenamente a ação curadora de Jesus, devemos salientar que Ele se aproxima desses enfermos – homens e mulheres – e se esforça para curá-los a partir de suas raízes. Não busca apenas resolver um problema orgânico de natureza física ou mental sem reconstruir toda sua vida. A saúde física ou mental está incluída em uma ação curadora mais abrangente. Os diferentes relatos sugerem, com diversas características, que o processo de cura promovido por Jesus é uma experiência de recuperação da vida, afirmação da própria dignidade, crescimento de liberdade, reconciliação com Deus, reintegração à convivência social.

Jesus põe o enfermo em contato com a parte do seu ser que ainda está sã para despertar o desejo de vida que se esconde em cada ser humano: "Você quer se curar?" Então desperte dentro de si a confiança em Deus como uma força curadora: "Levanta-te e vai! Tua fé te salvou!" Ele liberta da culpa e do medo de Deus, oferecendo sua paz e seu perdão reconciliador: "Teus pecados estão perdoados". Liberta das amarras e da escravidão para viver em liberdade: "Mulher, estás livre da tua doença". Devolve a convivência: "Levanta-te, pega a tua maca e vai para casa". Ele os orienta para uma nova existência vivida em louvor e gratidão a Deus: "Volta para tua casa e compartilha tudo quanto Deus fez por ti!"

Jesus nunca viu suas curas como uma maneira fácil de suprimir o sofrimento do mundo, mas como um sinal para indicar a direção em que devemos trabalhar para acolher e introduzir o Reino de Deus entre nós. É por isso que Jesus inicia um processo de cura individual e social, com uma intenção muito clara: curar a vida enferma. Toda sua atuação busca orientar a sociedade para uma vida mais saudável.

Pensemos em sua preocupação em curar a religião se rebelando contra tantos comportamentos patológicos de raízes religiosas (legalismo, hipocrisia, rigorosidade, culto vazio de justiça e amor). Jesus é um grande curador da religião: liberta de medos religiosos, não os introduz; faz crescer a liberdade, não a subserviência; atrai para o amor de Deus, não para a Lei; desperta compaixão, não ressentimento.

Pensemos em seus esforços para alcançar uma convivência mais saudável, criando relações mais humanas entre pessoas que respeitem-se mais, entendam-se melhor e perdoem-se incondicionalmente, defendendo as mulheres do domínio possessivo dos homens, convidando a uma vida livre da escravidão do dinheiro e da obsessão por bens materiais, oferecendo perdão às pessoas afundadas no fracasso moral.

É muito significativo que, ao confiar sua missão aos discípulos, invariavelmente Jesus fale de uma dupla tarefa: "Ide e anunciai o Reino de Deus", "Ide e curai". O ato missioneiro e a tarefa curadora fazem parte da dinâmica que há de abrir o caminho para o projeto humanizador de Deus. Jesus os convida a promover a cura como horizonte, canal e conteúdo de sua ação evangelizadora. Chegou a hora de recuperar uma espiritualidade voltada a curar a vida enferma de muitos homens e mulheres da sociedade pós-moderna de hoje.

6 Espiritualidade comprometida em abrir caminhos para o projeto humanizador do Pai

Com uma ousadia desconhecida, Jesus surpreendeu seus contemporâneos ao afirmar algo que nenhum profeta em Israel se atreveu a declarar: "O tempo está cumprido. O Reino de Deus está próximo". Deus já está aqui, com a sua força criadora de justiça, procurando reinar entre nós. Nesse grande símbolo do *Reino de Deus* Jesus expressa o anseio que encontrou no coração do seu povo e que está vivo em todos os povos de todos os tempos e, ao mesmo tempo, recria-o a partir da própria experiência de Deus, dando-lhe um horizonte novo e surpreendente. Esse projeto humanizador do Reino de Deus constitui o princípio estruturante de sua espiritualidade.

Por isso, podemos dizer que, no centro da mensagem de Jesus, não encontramos propriamente uma *doutrina religiosa*, mas um chamado à esperança: "O Reino de Deus está próximo. Mudai vossa maneira de pensar e de agir. Crede nas boas-novas" (Mc 1,15). Um breve comentário:

a) O Reino de Deus está próximo

Jesus vive Deus como um Pai-Mãe que está próximo de nós. Ele não quer ficar longe ou nos deixar sozinhos com nossos problemas, conflitos e sofrimentos. Ele procura abrir caminho em nós e entre nós para tornar a vida de todos mais humana. Jesus chama *Reino de Deus* a vida como Deus deseja construí-la. Um mundo diferente é possível, mais justo, mais digno do ser humano, mais saudável e mais feliz para todos, justamente porque Deus assim o quer.

b) Convertei-vos: mudai vossa maneira de pensar e de agir

Jesus é muito realista. Deus não pode mudar o mundo sem que nós mudemos. Seu desejo de humanizar a vida vai se tornando realidade em nossa resposta ao seu projeto humanizador. É possível dar uma direção mais humana à história porque o Mistério último da realidade que nós, devotos, chamamos de Deus, está atraindo todos nós, do fundo do nosso coração, para um mundo mais humano.

c) Crede nas boas-novas

Este é o grande chamado de Jesus. Crede nas boas-novas de Deus. Acolhei seu projeto humanizador. Crede no poder transformador do ser humano, atraído pelo mistério de Deus para construir um mundo mais justo e fraterno.

Podemos dizer que o centro da experiência interior de Jesus não é propriamente ocupado por Deus, mas pelo *Reino de Deus*, pois Jesus nunca separa Deus de seu projeto de humanizar a vida e transformar o mundo. Jesus nunca se relaciona com um Deus aprisionado em seu mistério insondável, alheio ao sofrimento humano ou de costas para a história de seus filhos. Vive Deus como uma Presença próxima e amistosa que nos atrai para uma convivência mais justa e fraterna. É por isso que Jesus não convida seus seguidores a buscarem a Deus por meio da prática religiosa, mas a "buscarem o Reino de Deus e sua justiça". Ele também não os chama a se converterem à velha aliança com Deus, mas a *entrarem* na dinâmica do *Reino de Deus*. Esse projeto do *Reino de Deus* não é uma religião. É muito mais. Vai além de crenças, preceitos e ritos de quaisquer religiões. É uma espiritualidade revolucionária que pode ajudar a humanizar a sociedade pós-moderna de hoje.

7 Espiritualidade que nos orienta aos mais pobres e necessitados

Comprometer-se a abrir caminhos para o projeto humanizador do Deus Pai-Mãe leva Jesus a orientar sua vida aos mais pobres e necessitados. O Espírito de Deus o empurra nessa direção. Os primeiros a experimentarem uma vida mais humana, digna e livre devem ser aqueles para os quais a vida não é vida. Lucas captou muito bem isso ao apresentar Jesus na Sinagoga de Nazaré aplicando a si mesmo algumas palavras do Profeta Isaías (Is 62,1-2): "O Espírito do Senhor está sobre mim, porque Ele me ungiu. Ele me enviou para anunciar a boa-nova aos pobres, para anunciar a liberdade aos cativos e a visão aos cegos, para libertar os oprimidos e proclamar um ano de graça do Senhor" (Lc 4,16-22).

Jesus quer que todos compreendam o Espírito que o anima, as preocupações que carrega no coração, a tarefa à qual quer se entregar de corpo e alma. Jesus se sente *ungido* pelo Espírito de Deus. É por isso que seus seguidores o chamam de *Cristo* (Ungido), e é por isso que nos chamamos de *cristãos* (ungidos). O mesmo Espírito de Deus que envia Jesus para anunciar a boa-nova aos pobres também deve enviar seus seguidores aos pobres de nossos dias.

Fala-se de quatro grupos de pessoas: os *pobres*, os *cativos*, os *cegos* e os *oprimidos*. Eles representam e resumem a primeira preocupação espiritual de Jesus, aqueles que Ele carrega mais profundamente em seu coração. Onde quer que se cultive uma espiritualidade marcada por Jesus, mais cedo ou mais tarde, de uma forma ou de outra, seu Espírito fará com que a vida seja uma *boa-nova* para os pobres; *libertação* para aqueles que vivem cativos de múltiplas escravidões; *luz* para aqueles que caminham cegos e nas trevas; *liberdade* para os oprimidos. Aqueles que se deixam guiar pelo Espírito de Jesus são conhecidos pela sua proximidade com os mais necessitados e pela prática libertadora e humanizadora.

Esse mesmo Espírito também envia Jesus ao encontro das mulheres de seu tempo. Dominadas pelos homens, a serviço de seu marido em casa, impossibilitadas de participar da vida social e marginalizadas da vida religiosa, sem dúvida eram as que mais necessitavam de libertação. Jesus suprime ou corrige esquemas e critérios de valorização que favorecem uma visão negativa das mulheres, como se fossem serem inferiores aos homens; critica uma sociedade patriarcal que privilegia uma relação de dominação e poder dos homens sobre as mulheres: Deus nunca abençoa estruturas que geram dominação do homem e submissão da mulher.

Por isso, concebe seu movimento de seguidores – homens e mulheres – como um *espaço sem dominação masculina*. Na *nova família* que se forma a serviço do projeto humanizador de Deus, desaparece a *autoridade patriarcal* dos homens. As mulheres são aceitas por Jesus como discípulas no mesmo plano que os homens. Homens e mulheres constituem um discipulado de iguais a serviço de um mundo sem dominação masculina.

8 Espiritualidade criadora de responsabilidade ecológica

Não é mais possível ignorar os desafios dramáticos que enfrentamos em nossos tempos. A resistência em avançar para uma política global mais solidária e responsável pelo futuro da espécie humana, a destruição progressiva do meio ambiente, a constatação da força irresponsável e destrutiva dos abusos do poder tecnológico "nos mostram que o projeto criador de Deus de uma terra cheia de justiça e paz está sendo aniquilado pelos homens". Como diz a teóloga espanhola Lucía Ramón, "os cristãos ainda não reagiram de forma responsável e criativa ao novo cenário em que vivemos: um presente ameaçado pela 'descriação'". Será possível encontrar alguma contribuição para cultivar uma espiritualidade mais aberta à responsabilidade ecológica naquele profeta galileu que vivia por volta do ano 30 d.C. em algum lugar do Império Romano?

a) Um novo olhar sobre a Terra

Jesus não vive encerrado em sua própria interioridade, mas com os olhos bem abertos para a vida que o cerca, em comunicação espontânea com o ambiente natural da Galileia. Seu olhar é iluminado pela fé transmitida pelos relatos bíblicos da criação: o mundo brotou da bondade de Deus como um presente para o ser humano É assim que Jesus vive. Os pássaros do céu e os lírios do campo, o sol e a chuva, os rebanhos e os vinhedos, as plantações e as colheitas, a primavera e o verão o ajudam a descobrir, nas profundezas dessa vida pulsante, a boa presença de um Pai que cuida com ternura até dos menores pássaros e das flores mais frágeis no entorno do Lago da Galileia (Mt 6,26.28-30).

Mas Jesus, que vive para anunciar o projeto humanizador de Deus Pai-Mãe, vê a Terra, antes de tudo, como o lugar no qual devem ser abertos os caminhos para o reino da justiça e da paz que Deus quer para todos. Desta Terra, Jesus levanta os olhos ao céu para invocar o Deus Pai-Mãe de todos. Esse Deus não está restringido a um lugar santo. Não pertence a uma raça, um povo, uma religião. Deus pertence a todos: "Faz raiar seu sol sobre bons e maus. Manda chuva sobre justos e injustos". O sol e a chuva são de todos. Ninguém deve se apropriar deles. Eles não têm dono. Deus oferece a vida como um presente, rompendo a tendência religiosa e política de discriminar os outros.

A partir dessa forma de se colocar diante do mundo, Jesus nos convida hoje a olhar para o nosso planeta com um olhar que vai além da posse egoísta da terra e da depredação irresponsável do meio ambiente. Por outro lado, rompe qualquer reivindicação de possuir Deus de forma exclusiva. Para quem vive do Espírito de Jesus, não só é importante seu povo, sua nação ou sua religião, mas também o destino de todos os povos e todas as religiões, o futuro de toda a humanidade.

b) Uma nova cultura de solidariedade

O novo olhar não é suficiente. É necessário fortalecer o vínculo de solidariedade entre todos os seres que habitam esta casa que é a Terra. É necessária uma revolução de consciências. Como disse Mahatma Gandhi, "o planeta oferece tudo o que o homem precisa, mas não na quantidade que o homem cobiça". É necessário promover uma dinâmica espiritual que possibilite uma comunicação mais justa e solidária entre todos os povos da Terra. Nós, cristãos, devemos renovar a oração desgastada de Jesus invocando o Pai de todos com uma nova paixão, com uma atitude mais comprometida e em um horizonte mais universal: "Venha o vosso reino de justiça, paz e vida a todos os povos da Terra. Dai-nos o teu pão para compartilharmos com os famintos. Dai-nos o teu perdão que nos liberte de nossa cegueira e egoísmo cruéis. Livrai o mundo do mal".

Devemos ler as bem-aventuranças no contexto do mundo de hoje. Nas aldeias da Galileia Jesus encontra famílias que não podem defender suas terras da pressão dos grandes donos de terras e grita: "Bem-aventurados os que ficaram sem nada, porque deles será o Reino de Deus". Ele observa a fome de mulheres e crianças desnutridas e não pode reprimir seu protesto: "Bem-aventurados os que estão com fome, porque Deus quer vê-los saciados". Ele vê os camponeses chorarem de raiva e impotência quando os coletores de impostos pegam o melhor de suas colheitas, e os encoraja: "Bem-aventurados os que choram, porque Deus quer vê-los rindo". Jesus quer deixar claro que, aqueles que não interessam a ninguém, interessam a Deus; aqueles que sobram nos impérios feitos pelo homem têm um lugar privilegiado em seu coração; aqueles que não têm uma religião que os defenda têm Deus como Pai. Todos devem saber que aqueles que são vítimas da injustiça mundial são os filhos favoritos de Deus. Só poderemos acolher a Deus se não arruinarmos a casa de todos e construirmos um mundo cujo primeiro objetivo seja a dignidade dos mais necessitados.

Portanto, dos países satisfeitos com o bem-estar devemos ouvir o chamado de Jesus para não viver "acumulando para nós mesmos": riqueza, bem-estar, poder, tecnologia... Esta é a mensagem da Parábola do Rico Insensato (Lc 12,16-20), que, para conservar suas abundantes colheitas, constrói *mais e maiores celeiros*, até que a morte interrompe sua vida insensata. E assim também são hoje os países do bem-estar: acreditam que são sociedades inteligentes, democráticas e progressistas, mas são apenas idiotas, cruéis e cegos que vivem da miséria de milhões de seres humanos e, em grande parte, são responsáveis por nossa injustiça e nossa falta de solidariedade. No mundo de hoje é mais urgente e necessária do que nunca uma forte corrente espiritual que desperte cada vez mais indignação em nossas consciências: "Chega de insensatez e crueldade!" Temos que dar passos firmes em direção à "civilização da sobriedade" (José Ignacio González Faus).

7

Ler e meditar o
Evangelho de Jesus

Para contribuir para a renovação interior do nosso cristianismo e para atualizar a espiritualidade de Jesus em nossos dias é difícil encontrar um caminho mais apropriado do que praticar a leitura orante do Evangelho. Para isso, devemos aprender a ler e meditar o Evangelho. Abaixo faço algumas considerações introdutórias.

1 A fé cristã como estilo de vida

Aos poucos, vamos tomando consciência de que o cristianismo não pode se reduzir simplesmente a uma confissão de conteúdo doutrinário que conforma nossa visão de Deus, do mundo, do ser humano e de toda a vida, quase sempre formulada com base em conceitos do passado; pelo contrário, deve se tornar cada vez mais um estilo de vida que aprendemos dia após dia com Jesus, nosso Mestre interior. Se quisermos caminhar em direção a uma renovação interior da nossa fé cristã, será importante e fundamental vê-la não como uma concepção doutrinária, mas como um estilo de vida inspirado nas raízes mais profundas de Jesus. Esse estilo de vida não deve se basear em uma concepção doutrinária, e sim na experiência aprendida com Jesus como Mestre interior, que possui coerência própria e pode ser vivido em qualquer época e em qualquer cultura: em uma sociedade cristã ou na sociedade pós-moderna e secularizada de nossos dias. O característico desse estilo de vida é sua inspiração interior em Jesus. Os seguidores do Mestre nascem e crescem na fé a partir de seu relacionamento íntimo com Ele e do espírito e da força que recebem dele. Essa força para aprender a viver e morrer, pensar e sentir, desfrutar e sofrer, amar sem excluir ninguém e buscar o bem de todos está no coração do cristianismo, porque Jesus, seu Senhor e Mestre interior, está dentro de cada cristão.

Com suas palavras e seus gestos Jesus nos ensina um estilo de vida que cria, em cada época ou cultura, um *novo espaço* no qual podem ser abertos caminhos para o projeto humanizador do Pai que Jesus chamava de *Reino de Deus*. Suas *palavras* não são um código de normas rígidas, mas "espírito e vida" (Jo 6,63), e visam a tornar reais as possibilidades de todos os seres humanos, da história e do mundo. Suas *ações* não são um conjunto de histórias exemplares, mas gestos que despertam a nossa criatividade para dar passos rumo a um mundo mais digno, solidário e fraterno. A maneira como Jesus se posiciona diante dos problemas, conflitos e sofrimentos, de acordo com os relatos do Evangelho, abre o horizonte para um mundo novo, que devemos construir juntos.

2 Recuperar a força renovadora do Evangelho

Da forma como é frequentemente vivida em nossas comunidades, a fé não cria *discípulos* que vivem aprendendo o estilo de vida de seu Mestre e Senhor Jesus, mas adeptos de uma religião. Não cria *seguidores* que, identificados com seu projeto, dedicam-se a abrir caminhos para o Reino de Deus, mas membros de uma instituição que cumpre fielmente o que está estabelecido. Não leva a internalizar as atitudes essenciais de Jesus para seguir seu caminho de fidelidade ao Pai, mas a observar as obrigações religiosas.

Boa parte do nosso trabalho pastoral, realizado com toda a nossa boa vontade, consiste em alimentar e sustentar um cristianismo convencional há muito tempo estagnado, que responde e se ajusta ao que a maioria dos fiéis espera e exige: o respeito por uma tradição religiosa empobrecida e cada vez mais anacrônica; a observância de uma prática litúrgica inamovível, mesmo que normalmente não promova a comunhão vital com Cristo; a insistência em certas verdades doutrinárias, mesmo que não abram os corações à experiência do Deus vivo encarnado em Jesus. Por trás disso tudo, sem dúvida, escondem-se grandes valores cristãos, obscurecidos pelo passar dos séculos, mas é isso que Jesus esperava de seus discípulos? Estes vinte séculos de vida cristã não são a melhor versão do movimento de Jesus. Nosso cristianismo carece de uma adesão vital que nos transforme em discípulos e seguidores dele.

Onde podemos encontrar, em nossas comunidades cristãs, a energia espiritual necessária para desencadear uma renovação interior do cristianismo? O Papa Francisco nos mostra o caminho. Devemos encontrar o princípio e o motor de toda renovação no "retorno à fonte e na recuperação do frescor original do Evangelho" (*Evangelii Gaudium* 11).

Muitos cristãos vivem sem se encontrarem diretamente com o Evangelho de Jesus. Quando vão à sua paróquia ou comunidade cristã, o Evangelho fica escondido atrás de um conjunto de práticas, linguagens, fórmulas e costumes religiosos que muitos acham cada vez mais difícil ouvir e aceitar. Não conseguem identificar nessa religião as boas-novas derivadas do impacto causado por Jesus há mais de vinte séculos. Cada vez são mais os que, cansados dessa religião, abandonam a Igreja. Como diz o Papa Francisco, eles ouviram uma "infinidade de doutrinas que tentam impor à base de insistência"; eles ouviram muitas pregações que não apresentavam "o cerne da mensagem de Jesus Cristo". Não puderam conhecer seu "conteúdo essencial [...], que responde às necessidades mais profundas das pessoas" (*Evangelii Gaudium* 35, 34, 265).

Muitos cristãos conhecem o Evangelho apenas *de segunda mão*. Tudo o que sabem sobre Jesus e sua mensagem provém do que conseguem reconstituir, de maneira parcial e fragmentada, daquilo que ouviram de pregadores e catequistas. Vivem sua religião ou a abandonam, privados da experiência de um contato direto e prazeroso com o Evangelho. Esta é a realidade. Encerrada em uma religião vivida de fora, a força vital e renovadora do Evangelho está em grande parte bloqueada e sem canais para entrar em contato com os homens e as mulheres de hoje.

Hoje a pergunta-chave é: Devemos continuar trabalhando como sempre, procurando atender às necessidades religiosas dessa Igreja que está perdendo atratividade e credibilidade, ou devemos recuperar, o mais rápido possível, o Evangelho de Jesus como força decisiva, capaz de atrair as mulheres e os homens de hoje e inspirar uma fé renovada?

3 Os evangelhos, relatos com força renovadora

Se voltarmos aos primórdios do cristianismo veremos que o Evangelho de Jesus é a força decisiva que promove o nascimento e o crescimento das primeiras comunidades. É o Evangelho que dá origem à fé. A atividade de Paulo, Pedro e Barnabé é muito importante, mas eles são apenas *servidores do Evangelho*. O fato decisivo é a boa-nova de Jesus.

O Evangelho não é uma doutrina nem uma religião. O Evangelho de Jesus, o Cristo, é sua vida, sua mensagem, sua morte e sua ressurreição. Quando os evangelizadores levam o Evangelho a determinado lugar, apresentam ali a *força salvadora de Deus*. Esta é a convicção de Paulo: "Não me envergonho do Evangelho de Cristo, pois é o poder de Deus para a salvação de todo aquele que crê" (Rm 1,16). Assim, a fé cristã foi penetrando nas diversas regiões do Império. Uma carta escrita por volta do ano 80 diz: "Já chegou a vós, como também está em todo o mundo, e já vai frutificando, como também entre vós, desde o dia em que ouvistes e conhecestes a graça de Deus em verdade" (Cl 1,6).

No início do cristianismo, o Evangelho circulava cheio de vida entre os cristãos, sustentando e fazendo crescer a fé nas comunidades. Os seguidores de Jesus aprendiam a viver sua fé como um novo estilo de vida. Em outra carta, escrita entre os anos 60 e 65, Paulo de Tarso diz à sua querida comunidade que "o que importa é que leveis uma vida digna do Evangelho de Cristo" (Fl 1,27). O Evangelho é a grande força que impulsiona e dinamiza a vida das comunidades.

Não é de se estranhar que o Concílio Vaticano II, com o objetivo de renovar e reavivar a fé cristã de nossos tempos, tenha nos lembrado que "o Evangelho é, em todas as épocas, o princípio de toda a vida para a Igreja" (*Lumen Gentium* 20). Chegou a hora de entender e organizar a comunidade cristã como um espaço onde o primordial é acolher o Evangelho de Jesus. Nossas paróquias precisam conhecer a experiência direta e imediata do Evangelho.

Os quatro relatos reunidos no Evangelho de Jesus não são livros didáticos nos quais a doutrina acadêmica é exposta. Não foram escritos para compor uma biografia de Jesus nem para oferecer a seus leitores um retrato psicológico dele. São relatos que narram, de forma condensada e simplificada, suas ações e palavras. Reúnem, com fé e amor, as principais experiências vividas pelos primeiros que o encontraram e seguiram seu chamado. Por isso, nas primeiras comunidades, recorriam a esses textos para conhecer e seguir seu querido Jesus. Hoje também devemos buscar Jesus nesses relatos e ouvir seu chamado à conversão.

Podemos dizer que os relatos do Evangelho têm uma dimensão dupla. Por um lado, evocam o passado, porque, em sua origem, as memórias de Jesus são reunidas com amor grato pelos seus seguidores. Mas, por outro lado, quando nos falam de Jesus, não estão falando de um personagem do passado, mas de alguém atual em suas vidas. Por isso, quando relembram suas palavras, não o fazem como se fossem o testamento de um mestre do passado, mas como palavras de Jesus ressuscitado, que está vivo e continua falando com eles a partir do seu interior. Os evangelhos não reúnem o testemunho de um defunto desaparecido para sempre, mas as palavras de alguém que os leitores experimentam cheios de vida.

Porém, esses escritos não reúnem apenas suas palavras; eles também nos falam das obras de Jesus, de sua atividade, de sua atuação. Seus discípulos não o escrevem para relatar a biografia de um personagem do passado; o que lhes interessa é conhecer melhor sua presença vivificante. A ação salvadora de Jesus não terminou com sua morte; aquele que oferecia o perdão gratuito do Pai aos pecadores continua oferecendo-o a nós agora; aquele que curava a vida e aliviava o sofrimento continua nos curando hoje; aquele que se identificava com os pobres, hoje está entre os esquecidos e mais necessitados, interpelando nossas vidas. O importante não é saber que Jesus curou cegos, limpou leprosos, fez paralíticos andarem, mas experimentar que Ele continua iluminando nossa existência, limpando nossa vida, tornando-nos mais humanos e salvando o que muitas vezes colocamos a perder.

Ler os evangelhos ouvindo Jesus, nosso Mestre interior, é sumamente importante para reavivarmos nossa fé cristã. Para simplificar, a verdadeira meditação sobre os evangelhos contempla: a) por um lado, a presença de Jesus vivo nas profundezas do nosso ser é *invisível,* mas, ao ler os relatos dos evangelhos, seus gestos, suas reações, toda sua atuação, Ele se torna visível para nós, e sua vida oculta assume contornos concretos; b) por outro lado, a presença de Jesus em nós é *silenciosa,* mas, ao ler os evangelhos, torna-se uma voz concreta que nos chama, palavras "cheias de espírito e de vida" que nos perdoam, curam, encorajam e reavivam a nossa fé.

Se vivermos nossa relação com Jesus meditando sobre os evangelhos com alguma profundidade perceberemos que nossa fé não nasce da confissão de verdades doutrinais nem se sustenta em razões ou argumentos teológicos, mas se origina do mistério insondável de Deus, nosso Pai-Mãe, que age sobre nós por meio do Espírito de Jesus, nosso Mestre interior.

Cada um de nós pode vivê-lo assim: meu seguimento de Jesus se alimenta de algo que não é simplesmente minha convicção, minhas razões ou minha vontade; sinto-me atraído por Jesus, mas não pelo que sei sobre Ele ou pelo que me ensinaram a seu respeito, mas porque Ele está vivo nas profundezas do meu ser.

4 O Espírito vivificante de Jesus ressuscitado

O relato de João é claro. Já tratamos dele em detalhes mais acima. Ao enviar seus discípulos para continuar sua missão, Jesus ressuscitado os encoraja e diz: "Recebei o Espírito Santo" (Jo 20,22). Se nós, seguidores de Jesus, perdermos o contato interior com o Ressuscitado, nossas comunidades ficarão sem seu "Espírito vivificante" (1Cor 15,45). Sem esse Espírito, entrarão em um processo de rotina, mediocridade e decadência. Se esse "Espírito vivificante" não nos encorajar, seu vazio será preenchido pela autoridade magisterial, pela doutrina, pela reflexão teológica ou pela estratégia pastoral. Nas nossas comunidades faltará a experiência decisiva, que consiste, segundo Paulo, "em conhecer a Cristo" e "na força da sua ressurreição" (Fl 3,10). Sem esse Espírito vivificante, a fé cristã perde "seu efeito mobilizador, revolucionário e crítico na história" (Jürgen Moltmann).

Sem a obediência ao "Espírito vivificante" do Ressuscitado, os cristãos passarão a obedecer a falsos senhores impostos de fora ou de dentro. No entanto, nunca devemos esquecer que a Igreja não é da hierarquia nem do povo, não é da direita nem da esquerda, não é dos teólogos nem dos párocos, não é desses nem daqueles bispos, não é deste papa nem do anterior. A Igreja é do seu Senhor, o Ressuscitado.

A falta de contato interior com nosso Mestre Jesus produz vários efeitos, sobre os quais mal temos consciência, mas que desvirtuam seriamente o nosso seguimento de Cristo:

Sem a experiência interior do seu Espírito, Jesus não passa de um personagem do passado a quem podemos admirar, mas sem que faça o nosso coração arder; o Evangelho se transforma em uma letra morta já conhecida; a comunidade, em mera organização; a missão é facilmente reduzida a propaganda religiosa; o trabalho pastoral, a atividade profissional; a catequese, a doutrinação; a celebração, a um rito vazio; a ação caritativa, a serviço social.

Sem o Espírito do Ressuscitado a liberdade se sufoca, a comunhão se quebranta, a hierarquia e o povo se distanciam; o divórcio entre a pregação e o anúncio do Evangelho cresce rapidamente, a esperança dá lugar ao medo; a ousadia, à covardia; e a vida da comunidade vai se apagando e caindo na mediocridade. Talvez a primeira frase que devamos lembrar do Ressuscitado em nossas paróquias e comunidades seja esta: "Recebei o Espírito Santo".

8

O silêncio interior, eixo da leitura orante do Evangelho

Para praticar a leitura orante do Evangelho de Jesus é fundamental observar o silêncio interior. Só assim poderemos meditar sobre cada texto do Evangelho, orar em diálogo com Jesus, nosso Mestre interior, ou ficar em silêncio contemplativo com Deus, nosso Pai. Podemos dizer que o silêncio interior é o eixo, a chave e o fundamento da leitura orante do Evangelho.

1 O silêncio interior

Para ouvir Jesus, nosso Mestre interior, que nos leva ao encontro do mistério insondável de Deus, devemos observar o silêncio interior. Não devemos ler os textos do Evangelho de fora de nós. Devemos lê-los a partir do silêncio do coração. O Mestre Eckhart o explicou de forma simples: "Se Jesus há de falar à alma, ela tem que estar sozinha, e deve se calar para ouvir Jesus. Se fizer isso, então Jesus entrará e começará a falar". João da Cruz diz isso de uma forma ainda mais profunda: "Uma Palavra falou o Pai, que foi seu Filho, e essa Palavra fala sempre em silêncio eterno, e no silêncio deve ser ouvida pela alma".

Agostinho de Hipona reconhece o que aconteceu com ele e pode acontecer conosco continuamente: "Tarde te amei, Belezura tão velha e tão nova, tarde te amei [...]. Tu estavas dentro de mim, e eu estava fora". Não devemos buscar Deus fora de nós; devemos encontrá-lo dentro de nós, nas profundezas do nosso coração. Não devemos ouvir Jesus, nosso Mestre interior, de fora, mas do mais íntimo do nosso ser.

Deus não virá até nós de fora. Ele já está dentro de mim e de você. E sempre esteve, porque é a base do nosso ser. Por experiência própria, Santo Agostinho diz: "Deus é mais interior para mim do que o mais íntimo de mim". João da Cruz sente que "o centro da alma é Deus". A união com Ele não é algo que devemos conquistar, mas uma realidade que devemos descobrir, viver, agradecer e desfrutar. Paulo de Tarso diz: "Vossa vida está escondida com Cristo em Deus" (Cl 3,3). Nossa vida, isto é, o que nos faz existir, nosso ser mais profundo, o que realmente somos, o mistério último de nosso ser, "está escondida com Cristo em Deus".

Isso tudo é muito bonito, mas por que a grande maioria de nós vive com a sensação de que Deus está afastado de nós, em algum lugar fora do nosso alcance? Essa sensação de separação de Deus, de distanciamento e afastamento, vem do fato de que vivemos com nossa atenção interior voltada exclusivamente para o que acontece em nossa mente ou em nossos sentimentos. Se pararmos de repente, fecharmos os olhos e ouvirmos o nosso interior, toparemos com todo tipo de pensamentos, preocupações, problemas, sentimentos, lembranças, projetos, medos...

Sem aprofundar mais, pensamos que é nisso que consiste nossa vida, ou o que entendemos ser nossa vida.

A mente humana é uma verdadeira maravilha. Nunca devemos desprezá-la. Todos nós sabemos que é necessária para nossa vida diária: para pensar em como devemos agir, para refletir sobre tantas decisões que temos que tomar a todo momento, para aproveitar a vida, para torná-la mais suportável. O problema é que a mente, mesmo quando não está exercendo sua nobre função de reflexão, tão necessária para tudo, está sempre em movimento, açambarcando nossa atenção interior.

Mas a mente não é o único âmbito da nossa existência. Existe um espaço interior ainda mais profundo em nós que não está ao alcance da nossa atividade pensante. A abertura à presença do mistério de Deus e à comunhão com Ele acontece justamente no mais profundo do nosso ser, e não no nível conceitual e sensível da nossa consciência.

Todo esse mundo de pensamentos, sentimentos, preocupações, lembranças. Tudo isso é real. Tudo está acontecendo dentro de nós. Mas não somos apenas isso. Nossa identidade mais profunda e real não é essa. Esse não é o centro do nosso ser. Todo esse ruído interior, toda essa agitação imparável de sentimentos, ideias, preocupações, alegrias e medos nos faz acreditar que estamos sozinhos com nossas preocupações, nossos problemas, nossas angústias... E achamos que Deus está distante. É impossível senti-lo próximo. Tudo nos faz pensar que Deus não existe ou deve estar em algum lugar inacessível para nós.

Se vivermos sempre guiados pela nossa consciência, sempre ocupados com nossos pensamentos, sentimentos etc. viveremos apartados do mais profundo do nosso ser, onde Deus já está em comunhão conosco. Não conheceremos nosso ser mais recôndito. Passaremos nossa vida apenas na superfície da nossa consciência. Tudo se reduzirá ao que pensamos ou sentimos.

Esse pode ser nosso grande erro. A vida, a fé, a oração, a espiritualidade, a relação com Deus, e até com o próprio Deus, podem se reduzir ao que aparece no ruído e na agitação da nossa consciência mais superficial. Não podemos nem mesmo suspeitar que, nas profundezas do nosso ser, nossa vida está "escondida com Cristo em Deus". Viveremos agitados, sem silêncio interior, e não seremos capazes de perceber o que há no mais íntimo do nosso ser. Acontecerá conosco o mesmo que a Santo Agostinho. Deus está dentro de nós neste momento, mas nós caminhamos longe de nós, muito afastados do que é o centro do nosso ser.

2 A força transformadora do silêncio interior

A ausência de silêncio interior está levando nossas comunidades a uma *mediocridade espiritual* generalizada. Karl Rahner considerava que o verdadeiro problema da Igreja dos nossos tempos era "continuar caminhando com uma resignação e um tédio cada vez maiores pelos caminhos da mediocridade espiritual". Pouco adianta fortalecer as instituições, salvaguardar os ritos, preservar a ortodoxia ou imaginar novas estratégias pastorais. É inútil tentar promover *de fora*, com organização, trabalho e esforço, aquilo que só pode nascer da ação interior de Deus nos corações. É urgente aprender a "sentir e apreciar as coisas internamente" (Inácio de Loyola). Vou expor de forma simples a força renovadora e transformadora do silêncio interior.

a) Novo relacionamento com Deus

Em primeiro lugar, o silêncio interior pode transformar radicalmente nosso relacionamento com Deus. Existe um silêncio que não consiste apenas em suprimir os ruídos que nos incomodam. É justamente o silêncio a sós com Deus: fechar os olhos, calar-nos, ficar em silêncio, adentrarmo-nos nas profundezas do nosso ser, entregarmo-nos com confiança a esse mistério de silêncio que não pode ser explicado, só amado e adorado. Esse silêncio consiste em silenciar gradativamente os ruídos e as perturbações que invadem a nossa mente.

Nas primeiras vezes em que decidirmos ficar em silêncio em nosso interior, talvez não sintamos nada de especial. Será difícil silenciar o ruído dos nossos medos, resistências, preocupações e problemas. Nossa mente nos encherá de todo tipo de lembranças, pensamentos e imagens. Mas, se perseverarmos, começaremos a sentir que esse silêncio não é um vazio total. O mistério final do nosso ser está escondido de nós. Não podemos ver nada, mas talvez comecemos a perceber uma presença. Não podemos ouvir nenhuma palavra, mas esse silêncio está nos dizendo alguma coisa.

Se perseverarmos na busca por esse silêncio com paz, talvez comecemos a ouvir perguntas dentro de nós: O que estou fazendo com a minha vida? Por que perdi minha confiança em Deus? Por que não o deixo entrar na minha vida? Ninguém me responde com palavras. O silêncio é a linguagem de Deus. Entre nossas perguntas, medos, desejos e a presença amorosa de Deus há apenas silêncio. Mas, a qualquer momento, minha fé, atraída pelo Mistério, pode ser despertada. Deus está em mim!

É então que devemos silenciar nosso ser diante do mistério de Deus e reconhecer nossa finitude: "Eu não sou tudo. Eu não posso me dar a vida. Não sou a fonte, a origem do meu ser..." É o momento de aceitar com confiança esse Mistério que está nas profundezas do meu ser, no mais íntimo de mim. É o momento de descobrir com alegria que dentro de mim existe um Mistério insondável de amor que me transcende, mas que está sustentando o meu ser. Agora eu acredito e sei que posso viver dessa Presença.

b) Silêncio curador do nosso ser

O silêncio interior diante de Deus tem força para reconstruir nosso ser e nos fazer viver de forma mais digna e humana. Pode nos curar do vazio e da frivolidade, da agitação e da superficialidade. Agora também podemos apreciar a vida na fonte. O mistério de Deus, acolhido no silêncio interior, atrai-nos a desfrutar da vida em toda a sua profundidade, sem desperdiçá-la arbitrariamente e sem desprezar aquilo que é essencial. Abrir-nos a Deus em silêncio interior nos leva a encontrar uma harmonia pessoal e um ritmo de vida mais saudável.

Aos poucos cresce nossa liberdade interior e começamos a nos abrir para uma comunicação mais profunda com Deus, conosco e com os outros; cresce nossa capacidade de dar e receber, de amar e ser amados. Em silêncio interior diante de Deus descobrirmos melhor nossa mesquinhez e pobreza, mas, ao mesmo tempo, nossa grandeza de seres infinitamente amados por Ele e transformados e salvos pelo seu amor. Um texto bíblico pouco conhecido diz o seguinte: "O amor de Deus não acabou, nem se esgotou a sua ternura [...]; todas as manhãs ele se renova [...]. O Senhor é bom para aqueles que esperam por Ele e o buscam. É bom esperar em silêncio pela salvação do Senhor" (Lm 3,22-26).

c) Silêncio para ouvir o irmão que sofre

Sim, ao perseverar em silêncio interior, vivemos mais arraigados a Deus, e, ao nos deixarmos transformar pelo seu amor, não sentiremos ninguém como um estranho. Descobriremos que podemos abraçar interiormente todo o universo com paz e amor fraternos. Essa foi a experiência de Francisco de Assis, que era capaz de ouvir o canto da criação e se juntar ao louvor que com ele sobe até o Criador. Mas, em silêncio com Deus, aprenderemos, antes de tudo, a ouvir e amar seus filhos. Será mais fácil compreender o que há de bom, de belo, de digno e de grande em toda a vida humana. E aprenderemos a nos aproximar de forma mais fraterna e solidária daqueles que vivem e morrem sem conhecer o amor, a amizade, o lar e o pão de cada dia.

3 A experiência do mistério de Deus como Amor insondável

Na tradição cristã, "Deus é Amor" (1Jo 4,8). Portanto, a experiência interior de sua presença é permeada pelo amor. Quanto mais profundo é o silêncio, mais forte é o nosso amor. Esse silêncio interior que nos abre a um Deus que é um mistério insondável de amor, embora muitas vezes vivido de forma torpe e pobre, produz uma "ruptura de nível" em nossas vidas (Juan Martín Velasco) que nos permite compreender e viver a existência a partir do amor, para além de outras experiências, focadas na utilidade, no consumismo, no protagonismo interessado...

Imersos em um processo sociorreligioso que alguns qualificam como *era pós-cristã*, não devemos nos surpreender com o surgimento de novas correntes de espiritualidade que se distanciam da espiritualidade vivida por Jesus, nem mesmo considerá-las irrelevantes e rejeitá-las. Assim, em certos setores cristãos, o silêncio interior se torna uma *imersão no abismo indeterminado da divindade* e, por caminhos diversos, dilui ou desfaz a experiência de Deus como Amor insondável. É um progresso espiritual ou um empobrecimento lamentável? Essa imersão de *caráter fusional* é a última palavra em qualquer processo de internalização? *Amor* não é a palavra menos inadequada para nomear o Mistério final? *Amor* não é a resposta que cura esse vazio em nosso ser, que nada nem ninguém pode preencher?

Se nós, cristãos, não somos capazes de ouvir no silêncio interior o mistério da transcendência como Amor insondável e se fechamos o nosso coração para não nos aproximarmos dos que sofrem com amor solidário, podemos ser acusados – com razão – de estar alimentando um *individualismo narcisista* e, acima de tudo, de estar abandonando a grande herança de Jesus a toda a humanidade: a compaixão por aqueles que sofrem. De fato, já dizem que os cristãos que vivem nos países do bem-estar social, uma vez satisfeitas suas necessidades materiais, parece que agora se dedicam à busca pelo seu *bem-estar espiritual*. Seria uma das características daquela religião burguesa que J.B. Metz vem criticando há anos.

4 A experiência de existir unido a Deus

Quando nossa mente se aquieta e começamos a entrar em um silêncio mais profundo, para além de nossos pensamentos, sentimentos, imagens, a sensação de afastamento começa a desaparecer; em quietude e silêncio profundo, essa impressão de afastamento desaparece. Aos poucos, emerge uma consciência mais profunda em nós: a de que existimos, e sempre existimos unidos a Deus; a de que sempre formamos um todo com Ele; a de que "Deus é o centro da nossa alma" (São João da Cruz); a de que é o fundamento do nosso ser. A separação de Deus não é possível, porque deixaríamos de existir.

Quando nossa mente se aquieta e entramos em um silêncio mais profundo, outra experiência emerge em nós. Não é uma experiência de algo em particular, de algo específico. Não é um pensamento nem um sentimento; é a certeza de não estar sozinhos; é a presença silenciosa do mistério de Deus em nós. A vida toda, acreditamos que somos tudo aquilo que temos gravado na nossa mente, na nossa memória, na nossa consciência superficial, mas não somos esse *eu psicológico* que vamos construindo ao longo dos anos. Justamente porque não entramos nas profundezas do nosso ser e não sabemos que formamos um todo com Deus, continuamos a pensar que somos todos aqueles rótulos que temos gravado em nossa mente: uma calamidade ou um santo, um pobre homem ou um grande fiel.

A sensação de estar afastados de Deus pode nos fazer sofrer muito, mas o silêncio profundo e a quietude interior nos revelam que essa percepção não tem a última palavra. Essa miragem da separação é gerada pela nossa mente e alimentada pela nossa atenção quase exclusiva a toda essa agitação e esse ruído em nossa cabeça. Algumas consequências importantes:

a) Segundo o Evangelho de João (15,1-6), nós somos os ramos e Cristo é a videira. Os ramos não são separados da videira, e sim formam um todo com ela. O ramo é o ramo na medida em que forma um todo com a videira. Separados de Cristo, nada podemos. Se o ramo for cortado, e a seiva de Cristo ressuscitado não correr por nós, não somos nada. As palavras de Cristo são categóricas: "Permanecei em mim como eu permaneço em vós [...] porque, separados de mim, nada podeis fazer" (15,4-5).

b) Mas Jesus, o Filho de Deus encarnado, leva-nos até Deus como o centro de nossa vida. Agora, ao nos aproximarmos de Deus como o centro da nossa vida, não estaremos apenas mais perto de Deus, mas também dos nossos irmãos. Para ajudar a entender isso, Martin Laird sugere a imagem da roda, cujos raios se encontram em um único eixo. Deus é o eixo da roda, e nós somos os raios. Da mesma forma que os raios, ao estar mais próximos do eixo, estão mais próximos uns dos outros; então, quanto mais próximos estivermos de Deus, mais próximos estaremos dos nossos irmãos. O movimento em direção a Deus e o movimento em direção ao irmão é o mesmo. O isolamento exterior dos irmãos é superado por meio da nossa comunhão com Deus. Adentrarmo-nos em nossa vida contemplativa nos leva a adentrarmo-nos na comunhão com Deus e com os outros. O caminho em direção a Deus é o caminho em direção aos nossos irmãos.

c) Se vivermos nossa vida a partir do centro – isto é, de Deus –, tudo mudará; tudo o que percebemos a partir do amor de Deus, que transcende toda a criação.

d) João da Cruz sabia algo sobre essa experiência: "Parece à alma que todo o universo é um mar de amor no qual ela está envolvida, não vendo término nem fim onde acabe esse amor, sentindo em mim [...] o ponto vivo e o centro do *Amor*" (*Llama viva de amor* II, 10).

9

Observar o recolhimento e a atitude orante

Além do silêncio interior, eixo fundamental da leitura orante do Evangelho, devemos aprender, de maneira simples mas constante, a observar o *recolhimento*, antes de iniciar a leitura dos textos evangélicos, e a *atitude orante*, no momento de dialogar com Jesus ou com Deus, nosso Pai-Mãe. Também, naturalmente, a qualquer hora do dia, quando quisermos nos encontrar internamente com Deus ou Jesus, nosso Mestre interior.

1 O recolhimento no segredo do coração

Na tradição de Mateus reúnem-se algumas palavras de Jesus que muito pouco se falam em nossas comunidades: "Mas, quando orares, entra no teu quarto e, fechando a porta, ora a teu Pai, que está em segredo; e teu Pai, que vê em segredo, te recompensará" (Mt 6,6). Este é o grande convite de Jesus. "Entre no seu quarto": busque a solidão, afaste-se do ruído externo; "tranque o seu quarto": recolha-se, não deixe entrar nada de fora que o distraia ou o disperse; e "ore ao Pai em segredo".

Teresa de Jesus pode nos ensinar como ninguém a adentrarmos nesse recolhimento "em segredo" de que Jesus fala. Pelo que parece, ela se encontrou com pessoas letradas que identificaram a oração com uma atividade intelectual. Por isso, ela fala da importância de uma oração que se chama justamente *oração de recolhimento*. Em primeiro lugar, Teresa de Jesus deixa bem claro que, na relação com Deus, "o melhor aproveitamento da alma não consiste em pensar muito, mas em amar muito". Daí sua conhecida definição de oração: "tratar-se de amizade, muitas vezes, tratando a sós com alguém que sabemos que nos ama". Devemos gravar bem essas palavras de Teresa: a oração é tratar de amor, de *amizade*; não de qualquer maneira, mas *a sós*, retirando-nos para o nosso quarto; não apenas uma, mas *muitas vezes*, incansavelmente; e estar com esse Deus que *sabemos que nos ama* como só Ele pode amar.

Teresa de Jesus explica por que fala de *oração de recolhimento*. É simplesmente porque "a alma agrupa todas as forças e adentra em si mesma com o seu Deus". É o que Jesus diz. Teresa não fala de fórmulas nem de métodos para aprendermos a nos recolher com Deus em nosso interior. Pelo contrário, sugere algo que sempre pode nos ajudar em nosso relacionamento com Ele: "Façam aquilo que mais os inspirem a amar".

Essa oração de recolhimento é de grande importância para adotar uma atitude de disponibilidade e atenção interior antes de começar a ler os textos do Evangelho. Essa concentração interior não é muito complicada. Segundo Teresa, é algo "que está na nossa vontade e que podemos fazer". Ela explica como faz: "Eu tentava, tanto quanto podia, trazer Jesus Cristo, nosso bom Mestre e Senhor, ao meu presente". Teresa fala de Jesus, seu Mestre interior. É por isso que aconselhava as suas freiras assim: "Representem o mesmo Senhor junto com vocês e vejam com que amor e humildade Ele lhes está ensinando". Nossa leitura dos evangelhos muda totalmente quando ouvimos Jesus, que, do mais íntimo do nosso ser, "ensina-nos com amor e humildade" o que precisamos aprender com Ele. Por isso, devemos nos dispor a ler os relatos do Evangelho com a mesma disponibilidade que Teresa pedia às suas freiras: "Juntas se reúnem diante desse bom Mestre, muito determinadas a aprender o que Ele ensina".

2 Observar a nossa atitude orante

Na leitura orante do Evangelho há um tempo em que, depois de meditar sobre o texto reagimos ao que ouvimos com uma oração. Não é uma oração em voz alta, mas uma oração interior, aberta ao diálogo com Jesus ou com Deus. Vou destacar brevemente algumas atitudes básicas que essa oração pode despertar e estimular. Faremos isso ouvindo Teresa de Jesus e guiados por Salvador Ros:

• *Amor.* É a primeira coisa em todo relacionamento com Deus. Lembremo-nos das palavras de Teresa de Jesus: "Não consiste em pensar muito, mas em amar muito". Nunca esqueçamos que queremos nos abrir àquele que é amor e de quem só recebemos amor, vida, perdão, compaixão. Mas não pensemos que *amar muito* a Deus significa despertar em nós sentimentos de afeto, carinho, amizade. Teresa de Jesus nos diz que amar a Deus "não radica no maior prazer, mas na determinação de desejar agradar a Deus em tudo"; isto é, em fazer a vontade desse Deus Pai-Mãe que, primeiramente, quer que amemos os nossos irmãos, especialmente os mais pobres, vulneráveis e necessitados. É o que descobriremos ao praticar a leitura orante do Evangelho.

• *Desapego.* Se quisermos nos abrir ao diálogo com Deus, teremos de trabalhar para não vivermos apegados a nós mesmos e aos nossos interesses; não vivermos amarrados a ninguém nem a nada. Observar a liberdade interior que nos leva ao amor de Deus e aos nossos irmãos. Tudo o que nos leva a nos encerrar em nosso egoísmo nos impede de nos entregarmos ao mistério de Deus. Teresa de Jesus disse: "Não consintamos, irmãs, que nossa vontade seja escrava de ninguém". Se vivemos sem liberdade interior para orientar nossa vida a Deus, nossa oração não passa de boas palavras.

• *Humildade.* As palavras de Teresa de Jesus dizem tudo: "Humildade é andar na verdade". É ridículo viver diante de Deus com fingimentos, aparências, falsa piedade. Tudo o que envolve engano e busca de si mesmo deve desaparecer em nossa leitura orante do Evangelho. Teresa de Jesus dizia que essas atitudes "são típicas de almas covardes e privadas de humildade". Não é possível nos abrirmos para o mistério de Deus sem humildade, sem verdade, sem autenticidade. Teresa chega a dizer: "Espírito que não vá fundado na verdade, eu mais o quisera sem oração".

• *Constância*. Teresa de Jesus atribuía uma importância decisiva à perseverança. Ela dizia que, para chegar a uma oração autêntica, devemos ter "uma determinação inabalável para não pararmos enquanto não chegarmos a ela, aconteça o que acontecer". Não podemos começar a leitura orante dos evangelhos para abandoná-la logo depois, e retomá-la e abandoná-la novamente. Jesus se entrega a nós completamente. Não devemos responder a Ele com uma entrega limitada. O caminho da leitura orante dos evangelhos exige esforço e perseverança, mas caminhamos atraídos e apoiados por Jesus. Teresa de Jesus se expressa nestes termos: "Ele não força a nossa vontade, Ele toma o que lhe damos, mas não se entrega completamente até que nós nos entreguemos completamente".

3 Algumas sugestões práticas

Quero acrescentar algumas sugestões práticas, inspirando-me na reconhecida experiência do mestre francês Henri Caffarel.

• *Relacionamento pessoal*. Ao iniciar a leitura orante do Evangelho de Jesus é importante que procuremos estabelecer uma relação pessoal com Jesus e com Deus, nosso Pai. Jesus é nosso Mestre interior. Deus é o fundamento do nosso ser. Tomamos consciência de sua presença em nós de forma simples e humilde, com total confiança. Usamos a linguagem que vem de dentro de nós: "Senhor, Tu estás aí. Estás me escutando. Tu me amas. Quero estar contigo. Eu necessito de ti. Tu conheces meu interior".

• *Relacionamento vivo*. Muitas vezes, nosso diálogo será mais vivo e íntimo se permitirmos que Jesus olhe para dentro de nós. "Senhor Jesus, como me vês? O que esperas de mim? Aqui estou. Acolhe-me. A cada dia, preciso mais de ti". Não fazemos isso para pedir uma revelação especial, mas para nos dispormos a aceitar as palavras que nos dirigirá durante a leitura orante do seu Evangelho.

• *Distrações*. É um erro pensar que o principal durante a oração interior é se manter atento, sem distrações (pensamentos, lembranças, imagens, sentimentos). Distrair-se é algo muito normal em quase todos. Teresa de Jesus, no fim da vida, continuava se distraindo. Por isso, ela dizia às suas freiras que muitas vezes era inevitável: "Isso é natural, não fiquem inquietas e aflitas". Temos que ser pacientes. O mais importante é a nossa disponibilidade. Devemos nos concentrar constantemente em nossa abertura interior a Jesus, nosso Mestre interior, e a Deus, nosso Pai-Mãe: "Eu quero ser teu. Quero te acolher no centro do meu ser. Atraia-me a ti. Eu não poderia mais viver me esquecendo de ti".

• *Palavras simples*. Para nos abrirmos internamente a Deus ou a Jesus Cristo não devemos procurar palavras profundas e complexas que *surpreendam* a Deus ou a Jesus. Se nosso coração estiver cheio de amor e verdade, o silêncio valerá mais do que todas as palavras. Quase sempre, poucas palavras, aquelas que venham de dentro de nós. O fundamental é estar aberto a Jesus, nosso Mestre, e se entregar a Deus, o centro do nosso ser.

• *Sentimentos.* Também não é essencial procurar a presença de Deus ou um encontro interior com Jesus, acompanhado de alegria, paz, fervor, ou algo parecido. O mais importante não é o que sentimos. Não é bom nos concentrarmos nos nossos sentimentos e desejar grandes euforias. É melhor não procurar nem desejar isso. Se acontecer, podem nos encorajar e nos fazer bem, e devemos agradecer. Mas o fundamental é nos abrirmos para Deus e nos concentrarmos internamente em Jesus. Podemos dizer o que Henri Caffarel tanto repetiu: "Eu quero o que Tu quiseres".

• *Apatia.* Há momentos em que podemos cair no desânimo, na apatia, na indiferença, no abandono. Não devemos desanimar. Segundo Teresa de Jesus, quem ora não deve buscar "contentar-se consigo mesmo, mas com Ele". Temos que aceitar nosso estado de espírito com paciência, sem nos irritarmos ou perder a paz. É importante salientar: "eu quero o que Tu quiseres neste momento".

• *Eficácia.* Na oração interior não devemos buscar efeitos imediatos: o que eu gostaria, o que eu acho que me faria bem, o que eu gostaria de sentir. O fundamental é que a oração vá transformando a nossa vida. Isso fica evidente nas obras e nos compromissos do nosso dia a dia, fora dos momentos de oração. Segundo Teresa de Jesus, o importante é que "sempre nasçam obras", e em outro lugar acrescenta: "Nos efeitos e nas obras posteriores são reveladas as verdades da oração". Dia após dia, poderemos verificar se é verdade que amamos tanto a Deus, se é verdade que vivemos entregues a Ele, se procuramos satisfazer à sua vontade, se procuramos ajudar quem precisa da nossa ajuda.

10
Leitura orante do Evangelho de Jesus

Minha proposta concreta para promover a renovação interior do nosso cristianismo é praticar a leitura orante do Evangelho de Jesus. Essa proposta se inspira na tradição conhecida como *lectio divina*; porém, eu a atualizo para os nossos tempos, dirigindo-a à renovação interior da nossa vida cristã e à recuperação da espiritualidade de Jesus.

A *lectio divina* remonta aos Padres do Deserto, para quem ler a Bíblia era o pão de cada dia. Foi a prática fundamental do projeto monástico de Pacômio, Bento e outros pioneiros da vida monástica. Nas reformas e transformações posteriores da vida monástica, a *lectio divina* sempre foi um traço característico, especialmente nos mosteiros cartuxos e cistercienses.

Por volta de 1150, Guigo II, prior da Grande Cartuxa de Grenoble, resumiu a prática em quatro momentos: leitura, meditação, oração e contemplação. Ele não pretendia impor uma prática rígida do método, apenas pedia que essa prática fosse avaliada e corrigida com base na experiência dos irmãos. Hoje, essa prática ainda está viva na vida monástica de beneditinos, cistercienses, cartuxos, entre outros. O Concílio Vaticano II exorta os fiéis à "leitura frequente das Escrituras, acompanhada da oração". Carlo Martini, cardeal de Milão, adaptou a prática para evangelizar os jovens de nossos dias. Na Europa há muitos cristãos que a praticam semanalmente em relação ao texto do Evangelho do domingo. Na América Latina foi introduzida em comunidades de base, nas quais, sem grandes pretensões e de forma simples, a Palavra de Deus é colocada nas mãos dos pobres.

1 Os momentos da leitura orante do Evangelho

a) Leitura

No primeiro momento, procuramos *entender bem o texto* para captar o que o autor quer nos comunicar, sem precisar dizer nada. É por isso que lemos tudo muito devagar, sem pressa. Observamos o que acontece e o que é dito: as pessoas que intervêm, suas reações. Mas, desde o início, devemos prestar atenção em Jesus: o que Ele diz e o que faz. Ele é nosso Mestre e nós somos seus discípulos. Registramos suas palavras e seus gestos, suas reações, seu tratamento para com as pessoas, seu estilo de vida... Com Ele aprenderemos a viver.

Depois de ler o texto do Evangelho, quem quiser pode ler o comentário que faço para captar e entender melhor o que o autor diz. Em todo caso, nunca devemos ler o Evangelho distraídos, e sim procurando entrar pessoalmente na cena ou no episódio que estamos lendo, na parábola ou na atuação de Jesus. Podemos nos fazer perguntas como estas: O que o escritor quer nos comunicar? Ao que ele dá importância? Por que destaca tanto esse detalhe? O que chama mais a minha atenção?

b) Meditação

Não basta entender bem o texto. Essa leitura ainda é externa a nós. No segundo momento, dispomo-nos a *ouvir internamente a mensagem* que nos chega de Jesus, nosso Mestre interior, por meio do texto que lemos. Para entender bem esse passo vamos considerar três aspectos.

• Podemos começar repetindo lentamente as palavras mais importantes do texto para internalizá-las. Fazemos isso lentamente, várias vezes, para assimilá-las e nos apropriarmos delas. A ideia é "mastigar" as palavras que mais nos atraem para começar a "saboreá-las" no nosso coração. Meditar é ouvir em silêncio interior a mensagem que Jesus, nosso Mestre interior, dirige a nós.

• Dessa forma, internalizamos as palavras que vêm de Jesus. Ao meditar, fazemos com que desçam da nossa mente para o nosso coração. Assim, permanecemos na presença de Jesus, nosso Mestre interior: ouvir sua mensagem, aceitar sua palavra com confiança e nos abrirmos à ação do seu Espírito.

• Esse processo de internalização nos leva a aplicar a mensagem de Jesus à nossa própria vida. Ao meditar, criamos um espaço interior em nós, no qual ecoará o Evangelho, se perseverarmos no nosso caminho. Em cada texto do Evangelho ouviremos o chamado de Jesus, que nos convida à conversão, e aprenderemos a discernir a verdadeira vontade do Pai.

Para isso, temos de escutar Jesus *a partir* de nossa vida concreta e *para* a nossa vida concreta: situação pessoal, problemas que nos preocupam, desejos de mudança, desânimo, mediocridade, necessidade de encontrar a Deus. Podemos nos fazer estes tipos de perguntas:

• Muitas vezes, o Evangelho se apresenta a nós como uma *verdade* que nos oferece uma nova luz. Então posso me perguntar: Que verdade Jesus, meu Mestre interior, revela a mim? Que luz permite que eu vislumbre para que me aproxime de sua experiência de Deus? Isso me ajuda a conhecer melhor algum aspecto da minha vida? Como devo entender minha vida de agora em diante? Sinto um pouco mais a espiritualidade de Jesus? Ao escutar e aceitar a verdade do Evangelho nossa *personalidade cristã* vai se formando e o caminho para reavivar em nós a espiritualidade vivida por Jesus vai se iluminando.

• Outras vezes, o Evangelho será oferecido como um *caminho* que indicará a direção que devemos seguir. Então posso me perguntar: Para que Jesus está me chamando neste momento da minha vida? A que está me atraindo cada vez mais? Que caminho devo seguir para me abrir à experiência de Deus vivida por Jesus? O que devo fazer para estar perto de quem precisa de mim? Como posso abrir caminhos para o

Reino de Deus nos lugares que frequento? Ao ouvir o Evangelho como caminho, vai crescendo nossa *responsabilidade cristã* e nosso compromisso para viver a espiritualidade de Jesus dia após dia, com base no projeto humanizador do Reino de Deus.

• Outras vezes, ainda, o Evangelho de Jesus será oferecido como *promessa de vida* que convida a confiar no amor insondável do Pai, no seu perdão, na sua presença no mais íntimo do nosso ser, na sua salvação... Então posso me perguntar: Se o Pai está comigo, o que posso temer? Como posso ficar desanimado com tanta frequência? Como posso não confiar mais em sua bondade? Ao ouvir o Evangelho como promessa de vida desperta-se nossa confiança em Deus, e nossa *esperança cristã* se fortalece.

c) Oração

Até agora ouvimos o Evangelho e internalizamos o que Jesus, nosso Mestre interior, tem para nos ensinar. No terceiro momento, *dispomo-nos a responder*. A Palavra de Deus, que nos é transmitida por Jesus, pede uma resposta. Precisamos reagir. Essa oração não é verbal. Nós a fazemos do fundo do nosso coração. Dirigimo-nos a Jesus, nosso Mestre interior. Não precisamos buscar palavras complexas ou pensamentos profundos. Ouvir com gratidão o que estamos recebendo vai despertar um diálogo simples que virá de dentro de nós. Nossas respostas podem ser muito variadas. Dependem, acima de tudo, do conteúdo do texto do Evangelho e da situação em que nos encontremos. No entanto, podemos dizer que nossa oração pode ser orientada em três direções básicas.

• Se o Evangelho nos ofereceu uma mensagem de *verdade* que iluminou nossa existência, nossa oração pode ser uma *resposta de fé,* que pode ser expressada em gratidão pela luz que recebemos, um reconhecimento humilde da nossa pouca fé, um olhar amoroso para Jesus, uma invocação para que reavive a nossa fé e a nossa confiança nele.

• Se o Evangelho de Jesus nos mostrou o *caminho* para guiar nossa vida em determinada direção, nossa resposta pode ser de *docilidade,* que pode se resumir no *seguimento do chamado do amor.* Podemos dialogar com Jesus sobre nosso desejo de segui-lo com mais fidelidade a cada dia, nossa disposição para buscar sempre o bem, nosso compromisso de viver abrindo caminhos para o Reino de Deus, nossa decisão de continuar nos libertando do egoísmo.

• Se o Evangelho de Jesus nos ofereceu uma promessa de *vida,* nossa resposta pode ser uma oração de *confiança* em Deus e de *esperança* na salvação definitiva do mundo. Essa resposta pode ser expressada na gratidão a Jesus pela ação do seu Espírito no nosso coração, no desejo de ser testemunhas da esperança, no compromisso de estar perto de quem está perdendo a fé.

d) Contemplação

Da oração grata pelo que recebemos do Evangelho de Jesus, quase naturalmente, passamos ao que a tradição chama de *momento de contemplação*. Essa contemplação foi descrita como uma oração de quietude, uma oração de pura fé, dedicada somente a Deus. Santo Isidoro a define como "a alegria de viver só para Deus". Nesse mesmo sentido, um texto do século XIII diz: "Tua contemplação é verdadeira quando conheces, queres e desejas, provas e saboreias apenas a Deus".

Podemos dizer que na leitura orante do Evangelho nos aproximamos dessa contemplação quando aquietamos a nossa mente, permanecemos em silêncio interior, apenas atentos à presença de Deus, e o nosso coração repousa em seu mistério de amor insondável. Essa contemplação não é um exercício psicológico. Sua fonte é o Evangelho e a ação do Espírito de Jesus em nós, que nos levam a contemplar, amar e saborear o Deus encarnado em Jesus Cristo. Podemos dizer que todo o processo da leitura orante do Evangelho nos leva a desfrutar do amor insondável de Deus, nosso Pai-Mãe.

Essa contemplação não é algo reservado a pessoas selecionadas. Todos nós somos chamados a desfrutar, em silêncio prazeroso e agradecido, do amor insondável de Deus. Não esqueçamos de que Jesus dava graças a esse Pai porque revelava essas coisas "não a sábios e instruídos, mas às pessoas simples" (Lc 10,21). Não devemos nos preocupar se alcançamos ou não uma oração verdadeiramente contemplativa. Se nos distraímos, pacientemente voltamos a nos concentrar. O que cada um de nós pode fazer é humildemente, em silêncio interior, deixar-se guiar pelo Espírito de Jesus.

e) Compromisso na vida

O texto de Guigo II para na contemplação, sem fazer alusão ao testemunho de vida ou ao compromisso. No entanto, muitos são os autores que, ao longo dos séculos, lembram que a leitura da Palavra de Deus termina na vida concreta do fiel e que o verdadeiro critério do nosso encontro com Deus é a conversão. Hugo de São Vitor apresenta a vida cristã como a conclusão de todo o processo de leitura orante: "É inútil aprender se o que for aprendido não for posto em prática". Outros afirmam que a vida cristã consiste precisamente em passar da Palavra escrita à Palavra vivida. O belo aforismo de São Nilo foi repetido muitas vezes: "Eu interpreto a Escritura com minha vida".

Ao longo do nosso caminho, a leitura orante do Evangelho nos revelará justamente que a espiritualidade de Jesus está centrada na misericórdia de Deus como princípio de ação no mundo; que, segundo Jesus, a vontade do Pai consiste em abrir caminhos para seu projeto humanizador do reino e da sua justiça; que não é possível entrar nessa dinâmica se não nos identificarmos com os pobres e necessitados.

Por isso, após a leitura orante de cada texto, devemos assumir o compromisso de levar à prática o que aprendemos com Jesus, nosso Mestre interior. Ao longo do nosso caminho, cada um de nós assumirá o compromisso de renovar internamente sua vida cristã e a de suas comunidades para conhecer e viver a espiritualidade de Jesus nestes tempos de crise religiosa, para abrir caminhos para o projeto humanizador do Pai em busca de uma humanidade mais justa, solidária e fraterna.

2 Ordem da leitura orante dos textos do Evangelho

Ao propor a leitura orante dos vários textos do Evangelho eu sugiro seguir os textos em uma ordem específica[1]. Faço isso por razões pedagógicas. Dessa forma, poderemos aprender a despertar em nós a atitude de busca; abrir-nos à experiência de Deus vivida por Jesus; recuperar a espiritualidade de Jesus, marcada pela confiança no mistério de um Deus Pai-Mãe; aprender com Ele essa espiritualidade centrada na misericórdia como princípio de ação; depois entrar na dinâmica do projeto humanizador do Pai para abrir caminhos para o Reino de Deus e sua justiça. Um processo ordenado de leitura orante do Evangelho pode transformar internamente nossa fé e nos fazer viver a espiritualidade de Jesus cada vez com mais verdade.

Em minha proposta apresento esses tópicos agrupados em capítulos, e cada capítulo começa com uma introdução, onde coloco o conteúdo dos tópicos no contexto da Igreja e da sociedade dos nossos dias. Jesus, assim como os profetas, também teve que ler os sinais do seu tempo na Galileia para descobrir aos poucos os problemas, as crises, as necessidades e os desafios. Podemos dizer que ler os sinais de seu tempo fazia parte de sua espiritualidade. Não podemos viver a espiritualidade

---

1 Essa ordem será apresentada em pequenos volumes.

de Jesus hoje ignorando os desafios, as crises, as ameaças do futuro ou os sinais de esperança desses tempos. Não podemos fazer uma leitura orante do seu Evangelho isolando-nos do mundo em que vivemos.

Consciente da vida diária de muitos de nós, apresento cada texto do Evangelho de tal forma que as pessoas possam ler com calma ao longo da semana, organizando o ritmo e o tempo que dedicarão a cada etapa: leitura, meditação, oração, contemplação, compromisso na vida. Nada impede que alguém dedique o tempo que julgar necessário a um tópico antes de passar para outro. É importante escolher o melhor momento para praticar a leitura com calma e em silêncio. Naturalmente, perseverança é crucial.

3 Formas de praticar a leitura orante do Evangelho

Obviamente, não é necessário que todos sigam estritamente a ordem que proponho. Tanto as pessoas que fizerem a leitura orante em sua casa quanto os grupos que a fizerem em uma paróquia ou comunidade cristã podem adotar a maneira que considerarem mais apropriada. Cada pessoa sabe o que precisa em determinado momento e cada paróquia ou comunidade sabe com que critérios deve selecionar os tópicos, de acordo com as necessidades, as datas ou os tempos litúrgicos.

Levando em conta os objetivos da minha proposta, considero que a prática de leitura orante do Evangelho pode ser feita de quatro formas.

a) Primeira forma

A pessoa decide praticar a leitura orante do Evangelho em sua própria casa, seguindo esta proposta e organizando seu próprio ritmo ao longo da semana. Nesse caso, há pelo menos três possibilidades: 1) fazer sua leitura seguindo a ordem que proponho e que considero mais eficaz; 2) selecionar o tópico que considerar mais apropriado porque atende melhor à sua situação pessoal naquele momento; 3) quando o meu trabalho estiver publicado na íntegra, também poderá ler o texto que será lido no domingo – esta experiência ajudará a viver a Eucaristia dominical de forma mais intensa e profunda.

b) Segunda forma

Neste caso, é a paróquia que convida e convoca quem desejar praticar a leitura orante do Evangelho como instrumento de evangelização e renovação interior da vida cristã. Como já disse acima, muitos cristãos conhecem o Evangelho apenas *de segunda mão*. Vivem sua fé ou a abandonam sem conhecer por experiência própria o contato direto e prazeroso com o Evangelho. Seria determinante para o futuro de muitas paróquias colocar o Evangelho nas mãos dessas pessoas para que o conheçam pessoalmente e experimentem seu poder renovador. É bem possível que, dentro de alguns anos, a catequese se enfraqueça e as paróquias promovam cada vez mais encontros de silêncio, oração e leitura do Evangelho. Com a minha proposta, quero apoiar e contribuir para essa ação pastoral que algumas paróquias já estão iniciando.

Por isso, sugiro um caminho que pode facilitar e consolidar essa iniciativa nas paróquias. O processo pode ter dois momentos. Durante um tempo oportuno – uma ou duas semanas –, os participantes fazem em sua casa a leitura orante do texto do Evangelho indicado, para todos, pelos responsáveis da paróquia. Depois, na data marcada, todos se reúnem na paróquia em um encontro para reafirmar e aprofundar a experiência vivida em casa. Nesse encontro devem ser levados em conta o silêncio, a oração e a proclamação do texto do Evangelho trabalhado. Eu entendo que, embora na minha proposta eu dê algumas sugestões, cada paróquia precisa organizar esse encontro de forma criativa, adaptando-o à sua comunidade. Ao final do encontro deve-se indicar o texto do Evangelho que deverá ser trabalhado em casa e a data do próximo encontro do grupo.

Dessa forma, por um lado, o trabalho em casa promove o esforço pessoal de cada fiel para ouvir e acolher o Evangelho. Por outro lado, o encontro na paróquia encoraja todos a perseverarem, darem testemunho do Evangelho e a se tornarem referência para uma comunidade que caminha rumo à renovação interior de sua vida cristã. O futuro das paróquias está no silêncio como caminho de encontro interior com Deus e na leitura orante do Evangelho para viver nestes tempos a espiritualidade revolucionária de Jesus.

c) Terceira forma

Penso também nos fiéis que se afastaram das paróquias mas não esqueceram Jesus, nos devotos e não devotos que procuram silêncio e paz nos mosteiros de vida contemplativa, nos cristãos que vão a encontros e jornadas de espiritualidade por sentirem a falta de Jesus. As comunidades contemplativas poderiam fazer muito bem hoje, tanto de homens quanto de mulheres, especialmente aquelas que praticam a *lectio divina*, se, nestes tempos de crise religiosa, incluíssem, como tarefa própria do seu carisma, a promoção da leitura orante do Evangelho em seus mosteiros. O mesmo diria das casas de espiritualidade que se animaram a promover a leitura orante do Evangelho.

E aqui me atrevo a sugerir algumas possibilidades:

• A comunidade oferece aos que costumam se hospedar em seu mosteiro (Natal, Quaresma, verão etc.) a possibilidade não só de participar da liturgia eucarística, da oração de Laudes, das Vésperas etc., mas também de participar de uma sessão de leitura orante do Evangelho conduzida por uma pessoa.

• Ocasionalmente, a comunidade ou casa de espiritualidade poderia organizar retiros de fim de semana para promover a leitura orante do Evangelho. Nesse retiro, os participantes poderão conhecer em que consiste essa leitura orante, seus objetivos, sua importância e atualidade em nossos dias. Depois pode ser feita a leitura de um texto específico do Evangelho.

• Obviamente, é conveniente divulgar a oferta desses retiros no site do mosteiro, casa de espiritualidade, paróquias, comunidades cristãs ou grupos.

4 Serviço aos pregadores

Ao elaborar a publicação desta proposta de leitura orante, pensei nos pregadores. O Concílio Vaticano

II fala muito da pregação, insistindo que ela "deve estar de acordo com a verdade evangélica e com o espírito de Cristo" (*Nostra Aetate* 4, 6). Também enfatiza que a Igreja, "ao pregar o Evangelho, leva os ouvintes à fé" (*Lumen Gentium* 17). Eu sabia de tudo isso desde muito jovem, mas não tinha tido a experiência de preparar minhas homilias fazendo uma leitura orante do Evangelho. Depois de fazer isso, descobri que minhas palavras têm um conteúdo mais profundo, e minha comunicação, uma força diferente. Não tenho dúvidas disso. Eu sei que se nós, pregadores, fizéssemos uma leitura orante do texto do Evangelho dominical durante a semana, nossa pregação transformaria a vida de nossas comunidades junto com outras atividades pastorais. Por isso, ao preparar esta proposta, incluí preferencialmente textos do Evangelho que são proclamados aos domingos e em dias de festa.

Série Recuperar Jesus como Mestre Interior

- *A renovação do cristianismo*
- *Despertar uma atitude de busca*